GUÍA DE CAMPO DE ACCESS 2007

GUÍA DE CAMPO DE ACCESS 2007

Francisco Pascual

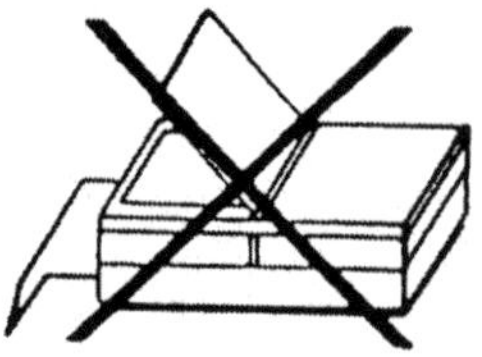

La ley prohíbe
fotocopiar este libro

Editado por:
RA-MA Editorial
Calle Jarama, 3A, Polígono Industrial Igarsa
28860 PARACUELLOS DE JARAMA, Madrid
Teléfono: 91 658 42 80
Fax: 91 662 81 39
Correo electrónico: editorial@ra-ma.com
Internet: www.ra-ma.es y www.ra-ma.com
ISBN: 978-84-7897-827-4
Depósito Legal: M-49147-2007
Autoedición: Autores

Para mi buen amigo de toda la vida, Ilde.
Para su mujer, Isabel.
Y para sus dos muñequitos, Ilde y Alex.

Visite el sitio Web del autor en Internet:

www.franciscopascual.com

o también

www.franciscopascual.es

Podrá encontrar información sobre otros libros de informática, obras en preparación, enlaces con sitios de utilidad y la posibilidad de descargarse ejercicios de esos libros si los pierde o se estropean.

ÍNDICE

INTRODUCCIÓN

Microsoft Access es un sistema de gestión de bases de datos. Una vez dicho esto, resulta inevitable definir el concepto de base de datos, ya que Access sólo es la herramienta que nos permite administrar este tipo de documentos.

Una base de datos es un sistema de almacenamiento masivo de datos estructurados. Esta definición puede resultar algo simple, ya que la mayor parte de las formas de almacenamiento de datos mediante ordenador se componen de datos estructurados.

La diferencia entre los grupos de datos comunes (que se recogen en archivos) y las bases de datos está en que estas últimas están pensadas para almacenar datos a gran escala y en ellas los datos tienen una relación entre sí que posibilitan el acceso y la búsqueda de los datos de forma fácil, rápida y potente.

Microsoft Access pertenece a los sistemas de bases de datos **relacionales**, en los que los datos se estructuran y organizan mediante tablas, distribuidos en filas y columnas.

Cualquier tabla de una base de datos relacional se construye mediante **registros** (las filas de la tabla) que podrían compararse a las fichas de un fichero. A su vez, cada registro de la base está compuesto por **campos** (las columnas de la tabla) que equivalen a los datos distribuidos en las fichas del fichero y cuya estructura se repite para cada ficha.

Así, en una estructura de tabla que contiene los campos *Nombre*, *Apellidos* y *Teléfono*, cada registro tendrá un *Nombre*, unos *Apellidos* y un *Teléfono*.

La forma de representar estos datos mediante bases de datos relacionales es la tabla, que contiene en sus filas y columnas los datos que la llenan. Por ejemplo, he aquí una sencilla tabla para el almacenamiento de números de teléfono:

	Campo 1	*Campo 2*	*Campo 3*
	Nombre	**Apellidos**	**Teléfono**
Registro 1	Ana	Tomía	123-45-67
Registro 2	Paloma	Nazas	765-43-21
Registro 3	Blanca	Derrana	135-79-11
Registro 4	Germán	Doadistancia	119-75-31

Una base de datos relacional ofrece la ventaja añadida de poder conectar de alguna manera los datos entre sí, ya que una base de datos no tiene por qué estar compuesta exclusivamente por una tabla, sino que, por el contrario, puede estar constituida por varias. Esto evita la redundancia de los datos (la necesidad de repetirlos) y facilita la localización de datos (conociendo datos de una tabla se pueden encontrar datos de otra siempre que ambas estén relacionadas).

Un ejemplo; si se trabaja en un negocio cualquiera (como un videoclub), deberá disponerse de una tabla con datos acerca de los clientes (socios del videoclub), otra con los proveedores de los productos (distribuidoras de las películas), e incluso una tercera con los productos contenidos en el almacén (películas dispuestas para alquiler y venta). El conjunto de estas tres tablas conforman la base de datos (la información completa tocante al negocio) que deberá estar definida correctamente para el funcionamiento óptimo del sistema de información.

Así pues, para crear un sistema de base de datos que se ajuste a los objetos cuya información se desea almacenar, será preciso definir tantas tablas como sean necesarias, lo cual requiere un conocimiento amplio del sistema que se va a informatizar (por ejemplo, la empresa).

Por otro lado, para diseñar una base de datos es necesario transformar datos del mundo real en datos digitales, y para ello los sistemas de gestión de bases de datos han desarrollado varios tipos de campos, para poder elegir cuál es el que mejor se ajusta a cada dato.

Por ejemplo, si se va a almacenar el salario de un empleado (dato del mundo real), será necesario algún tipo de datos numérico, ya que el sueldo es una cantidad numérica (el número será el dato informatizado).

TEORÍA DE BASES DE DATOS APLICADA A ACCESS

Una acción fundamental para todas las bases de datos es la creación de sus tablas. Su buena planificación y definición pueden resultar trascendentales para un buen aprovechamiento de las funciones que ofrece este tipo de almacenamiento de datos. Si se diseñan varias tablas en buenas condiciones para una base de datos, se puede ahorrar mucho espacio de almacenamiento en el disco e, igualmente, se dispone de un mayor control, más seguridad y una gran facilidad a la hora de buscar y encontrar datos en una base que puede ser de dimensiones considerables.

Las tablas constan de registros construidos mediante campos. Estos campos, que son los que contienen realmente los datos de la base, deben ser de un tipo adecuado para adaptar perfectamente la información del mundo real al medio digital, y será necesario analizar previamente cuántos van a incorporarse y de qué tipo será cada uno. De esta forma, no se malgasta innecesariamente espacio del disco, que podría resultar esencial para almacenar otros datos. Por ejemplo, si en una tabla se va a incorporar como dato la fecha de nacimiento de un cliente, se considera desaprovechar espacio del disco la creación de los campos *fecha de nacimiento* y *edad*, ya que mediante la fecha de nacimiento es posible calcular fácilmente la edad sin necesidad de almacenarla.

Tipos de campos con Access

En Access existen varios tipos de campos para almacenar los datos procedentes del mundo real. Se deben asignar perfectamente los datos a su tipo, de forma que se ajusten de un modo natural.

Los tipos de datos que ofrece Access son:

1. **Texto**. Se emplea para contener datos textuales. Se puede utilizar en ellos cualquier tipo de carácter (interrogaciones, exclamaciones, asteriscos, signos de puntuación, números, etc.). Cada campo que se defina con este tipo contendrá un almacenamiento máximo de 255 caracteres de tamaño. Si se intenta definir un dato de tipo **Texto** con más de 255, se obtiene el error correspondiente. Ejemplos de este tipo de datos son *Nombres*, *Apellidos* o *Direcciones* (domicilios), ya que son claramente datos de texto que no superan 255 caracteres.

2. **Memo** (memorándum). Es capaz de contener datos de tipo **Texto** tal y como hemos descrito antes; sin embargo, difiere del tipo **Texto** en que su capacidad de almacenamiento es mucho mayor. Con un dato de tipo **Memo** se pueden almacenar hasta 65.535 caracteres en cada registro. Es conveniente utilizarlo sólo en casos en los que se sepa con seguridad que se va a superar la cantidad de 255 caracteres. Por ejemplo, este tipo de datos puede añadirse a una tabla en la que se necesite el dato *Observaciones*, o un *Historial médico*, que suelen necesitar bastante espacio de texto.

3. **Número**. Almacena cifras con las que se puede operar matemáticamente. Siempre que sea posible, resulta recomendable emplear el tipo **Número** para almacenar números, ya que generalmente ocupan menos espacio en el disco que si empleamos el tipo **Texto** para ellos. Un ejemplo de tipo **Número** puede ser la *Edad*, y otro podría ser la *Estatura* de una persona.

4. **Fecha/Hora**. Este tipo de datos se emplea para almacenar datos horarios o de fecha. El formato de la fecha o de la hora puede ser de varios tipos, pero normalmente suele trabajarse con cifras (por ejemplo: 29-05-68). Ejemplos típicos son *Fecha de nacimiento* o *Fecha de ingreso*.

5. **Moneda**. Con las mismas características que el tipo **Número**, existe el tipo moneda, que incorpora el detalle de añadir el símbolo monetario € (o el de cualquier país) a una cifra. Con un campo de tipo **Moneda** también se pueden realizar operaciones como, por ejemplo, el cálculo de porcentajes (impuestos, IVA, comisiones, etc.). La coletilla monetaria que se añade difiere en cada país, ya que Access extrae esta información de Windows (por ejemplo, $ en la versión norteamericana). Puede almacenar decimales (máximo 4). Ejemplos de campos monetarios son *Salario* e *IVA*, que son

datos numéricos operables matemáticamente y que deben llevar añadido el símbolo monetario correspondiente.

6. **Autonumérico**. Los campos de tipo **Autonumérico** se utilizan para llevar algún tipo de recuento que Access incrementa automáticamente en cada registro nuevo que se incorpore a la tabla. Se suele emplear para asignar automáticamente códigos a registros (código de producto, código de cliente, etc.), ya que el usuario puede despreocuparse de su adición y se asegura de que los valores no se duplican.

7. **Sí/No**. Se utiliza para datos que se definen claramente sólo conteniendo el dato Verdadero (Sí) o Falso (No). Un ejemplo para este tipo de datos puede ser *Trabaja* que al contener como datos posibles sólo Sí o No, informa de la situación laboral del sujeto al que pertenece la ficha (registro).

8. **Objeto OLE**. El tipo **Objeto OLE** puede contener información originada en otras aplicaciones de Windows. Suele utilizarse para incorporar imágenes, sonido o vídeo a los registros de una tabla.

9. **Hipervínculo**. Un campo de tipo **Hipervínculo** tiene como finalidad contener una dirección URL de Internet, de modo que cuando el usuario haga clic en él, el enlace le llevará hasta la dirección que contenga. Cuando se va a rellenar un dato de este tipo puede emplearse el botón  (**Insertar hipervínculo**) de la barra de herramientas. Un dato de este tipo se muestra en color azul y subrayado.

10. **Datos adjuntos**. Permite almacenar archivos del disco como datos anexos, tal y como se haría en un mensaje de correo en el que se adjuntan archivos de datos. Cada registro de la tabla podrá contener un archivo asociado.

11. **Asistente para búsquedas**. Es un asistente que consigue que un dato de una tabla se pueda rellenar mediante una lista desplegable que ofrezca valores, u otro tipo de control típico de Windows.

¿Qué son los índices?

Una base de datos utiliza los índices para la clasificación de su contenido, lo que agiliza las búsquedas. Es más fácil encontrar un dato en una lista ordenada que en una desordenada, ya que en una ordenada se puede dirigir rápidamente al principio o al final de una lista de datos dado que sabemos aproximadamente dónde se encuentra el dato buscado. Sin embargo, en una lista desordenada, no hay más remedio que seguirla secuencialmente hasta que se localiza el dato.

Un índice se encarga de ordenar internamente los datos sin cambiarlos realmente de sitio. De ese modo, cuando se busca en una tabla un dato que pertenece a un campo indexado (que tiene índice) su localización será más rápida que si el campo no lo está. Hay que tener en cuenta que una tabla puede contener miles de registros en los que encontrar un valor puede resultar lento. Si el campo está indexado la localización de un dato se acelera considerablemente.

Es recomendable crear un índice para cada campo en el que se prevea que se van a realizar búsquedas con frecuencia. Más adelante se describirá el proceso de creación de índices.

¿Qué son los campos clave?

Los campos clave también ayudan a localizar información de forma fiable y rápida. Además, si se trata de una base de datos en la que haya varias tablas relacionadas pueden resultar indispensables para generar consultas en las que estén implicadas dos o más tablas.

En terminología de bases de datos, un valor clave es un dato que identifica por sí solo un registro de una tabla. Se trata de un campo del que se sabe con certeza que sus datos no se repetirán en ninguno de los registros de la tabla.

Un ejemplo. En un país la matrícula de un vehículo es un dato irrepetible: no hay dos vehículos que tengan la misma. Ese dato identifica al vehículo y permite encontrar otros datos relativos al mismo vehículo (su marca, su modelo, su dueño, etc.). Sin embargo, si la tabla almacena datos de vehículos de distintos países, podría darse el caso de que existan vehículos con matrícula repetida, en cuyo caso, ese dato no puede funcionar como clave y sería necesario emplear otro (tal vez, el número de bastidor, o bien, otro inventado para la ocasión: código de vehículo). De esto se debe deducir que un dato que parece clave a primera vista podría no serlo dependiendo de la tabla y la base de datos que se esté diseñando.

Si una tabla contiene varios valores que son siempre diferentes para cada registro, uno de ellos actuará de **clave principal** que, además de su función ordinaria, probablemente será utilizado para relacionar su tabla con otras.

Relaciones entre tablas de una base de datos

Dos tablas de una base de datos pueden estar relacionadas o, lo que es lo mismo, pueden tener un campo (o varios) común(es). Las relaciones incrementan la potencia de generación de consultas puesto que permiten localizar datos de una tabla aun cuando sólo se conoce información de otra.

Un ejemplo. Se dispone de dos tablas de una base de datos llamada *Videoclub*: *Socios* y *Películas*. Es probable que, en ambas, exista un campo llamado *Número de socio*, con la siguiente finalidad:

- En la tabla *Socios* porque es el campo clave de la tabla, ya que, gracias a él, tendremos acceso a todos los datos de un único cliente (lo identifica). Además, todos los videoclubs poseen números de socio para identificarlos.

- En la tabla *Películas* puede existir para revelar el socio que ha alquilado la película perteneciente a un registro de la tabla.

Si se desea contactar con el cliente que tiene alquilada una determinada película, existirían dos posibilidades:

1. Si las tablas no están relacionadas, hay que realizar el trabajo manualmente: se accede a la tabla de las *Películas* para localizar la película y el número del socio que la tiene alquilada. Una vez conocido el número, se accede a la tabla de *Socios* para encontrar el registro de ese socio por su número, obteniendo así todos sus datos, entre los que se encontrará, seguramente, su teléfono, que nos permitirá contactar con él.

2. Si están relacionadas, el proceso es automático: se proporciona al sistema el título o código de la película y éste devuelve el dato o datos deseados que permitan contactar con el cliente, ya que el proceso de localización del campo común que relaciona ambas tablas actúa por sí solo.

COMIENZO

Lo primero que se obtiene en Access al entrar es una ventana vacía y el panel de tareas a la derecha. En él se indica si se va a abrir una base de datos que ya exista en el disco, o bien, si se creará una nueva.

Una vez en Access, presentará un aspecto similar al siguiente:

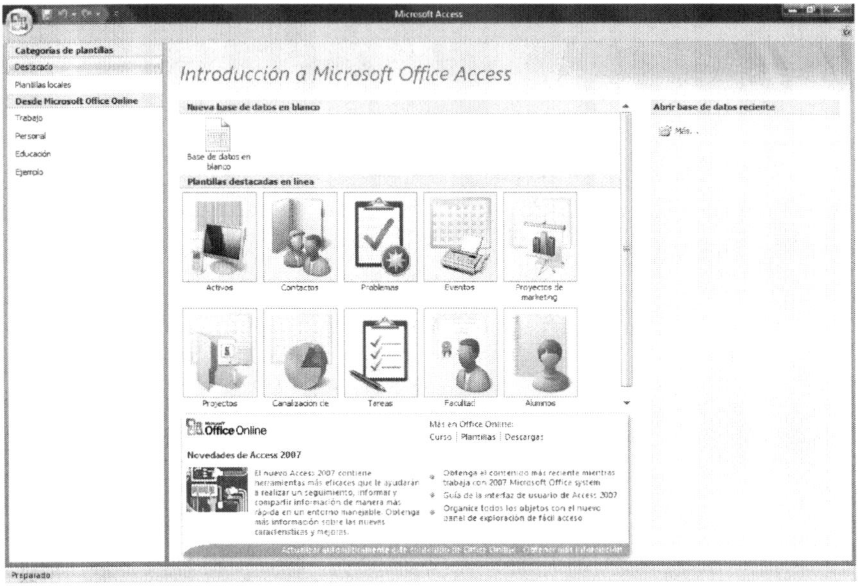

En esta primera pantalla de trabajo de Access podemos apreciar, bien diferenciados, tres paneles:

1. El panel izquierdo funciona a modo de navegador. Haciendo clic en uno de sus botones el panel central cambia, ofreciendo diferentes modos de creación de bases de datos. La mayoría son plantillas, es decir, documentos que ya contienen hecha parte de la información, ahorrando al usuario diseñarla. Disponemos de varias categorías de plantilla, como, las más destacadas, las locales (las que están almacenadas en nuestro disco) o algunas orientadas al **Trabajo**, la **Educación** o de **Ejemplo**.

2. Si se pulsa el botón Destacado del panel izquierdo, en el central se puede elegir **Base de datos en blanco** para crear una nueva base de datos partiendo de cero.

3. En el panel derecho podemos abrir bases de datos que ya estén creadas. Podemos utilizar la lista que aparece debajo de Más... para hacer clic en una y abrirla directamente (aunque esta lista no se aprecia hasta que se abre, al menos, una base de datos, puesto que se trata de las que se

han abierto recientemente). Si se hace clic en el propio icono Más... se puede abrir cualquier base de datos almacenada en un disco. Para ello se ofrece el cuadro de diálogo con el que se pueden abrir documentos en cualquier programa de Office:

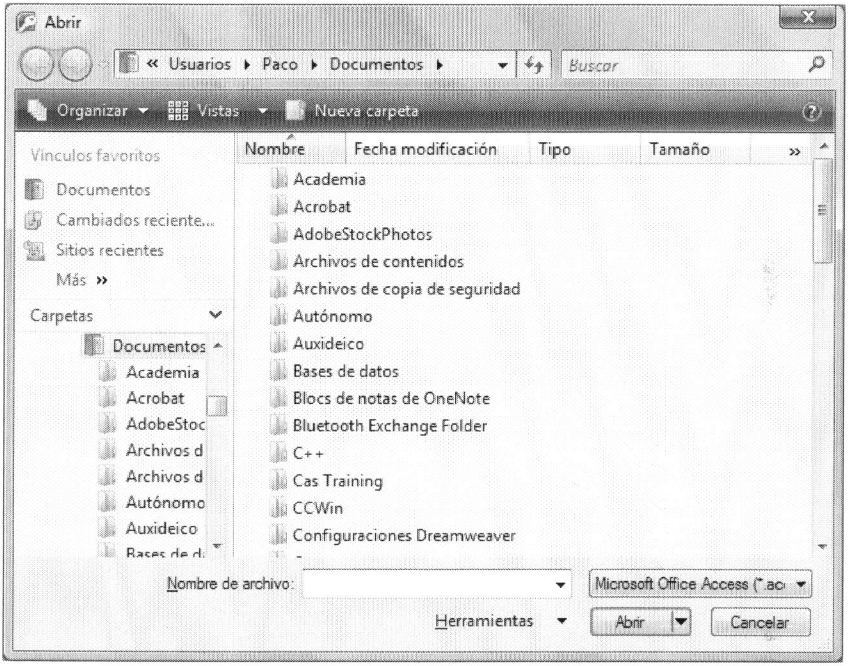

1. Se utiliza el panel izquierdo (la lista **Buscar en** si tenemos instalado Windows XP) para indicar la situación actual del documento. Gracias a esta lista podremos elegir la unidad de disco o carpeta en que se encuentra el documento. Al hacerlo se mostrarán los archivos y carpetas encontrados ahí. Las carpetas puede distinguirlas porque aparecen junto al icono (en Windows XP). En las carpetas puede hacerse un doble clic para acceder a su interior y ver, a su vez, los archivos y carpetas que haya en ella.

2. Puede utilizarse cualquier nombre de la lista para abrir el documento. Para ello, haga clic sobre el archivo deseado. Recuerde que si el elemento que seleccione tiene el icono , no está seleccionando un documento sino una carpeta.

3. Si no se utiliza ningún nombre de la lista, deberá utilizarse **Nombre de archivo** para escribir el nombre del documento que se desea abrir. En este caso, puede desplegarse la lista para obtener los últimos nombres de documentos archivados. De este modo, si se desea abrir uno de esos documentos, bastará con elegirlo en la lista.

4. Se puede indicar el formato en que está grabado el documento si se utiliza el botón 

(la lista **Tipo de archivo**, si se tiene Windows XP). En la lista aparecen los nombres de otros programas cuyo formato es soportado por Word (textos que se hayan almacenado, por ejemplo, con dBase, Excel o versiones anteriores del propio Access).

5. Una vez que se han seleccionado esos datos, el botón 

expone el documento para que se pueda manipular (añadirle datos, modificarlos, borrarlos, etc.). El botón se puede desplegar y ofrece más funciones:

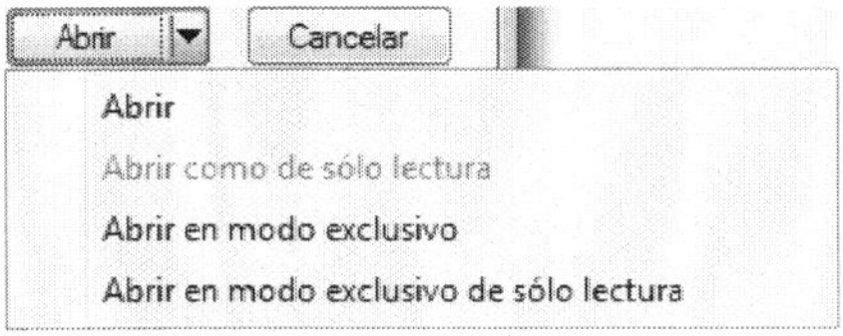

- **Abrir**: sólo abre el documento.
- **Abrir como de sólo lectura**: lo abre también pero sin permitir grabar los cambios que hagamos en él (aunque sí se podrá grabar con otro nombre).

Si una base de datos se abre de forma exclusiva, ningún otro miembro de una red de ordenadores puede abrirla si antes no la cierra aquel que la haya abierto de modo exclusivo. De este modo, un usuario puede asegurarse de que cuando abre una base de datos nadie la utilizará al mismo tiempo que él. Existen una serie de privilegios que pueden asignarse a usuarios de la red. Por ejemplo, se puede asignar a un usuario únicamente la capacidad de leer una base de datos, con lo cual tendrá restringido el acceso para cualquier otra operación como, por ejemplo, grabar los datos que incorpore a la base.

Posteriormente detallaremos cómo se crea una base de datos; sin embargo, cuando esta ya esté creada, podremos ver que la ventana de trabajo de Access cambia, ofreciendo un aspecto similar al siguiente:

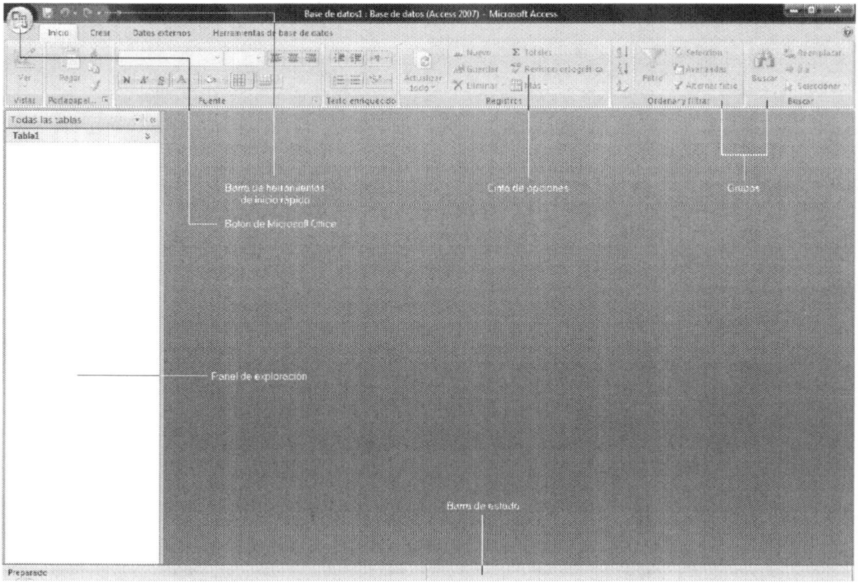

1. **Botón de Microsoft Office** (o **Botón de Office**). Contiene el menú con las opciones principales del programa, como **Abrir**, **Guardar**, **Imprimir**, etc.

2. **Cinta de opciones**. Contiene botones con las funciones del programa organizadas por fichas. Al pulsar sobre los botones, las tareas que tengan asociadas entran en funcionamiento. Haciendo clic en las fichas se cambia de cinta para acceder a otros botones y, por tanto, a otras funciones.

3. **Grupos**. Reúnen botones cuyas funciones pertenecen a un mismo tipo de trabajo.

4. **Barra de herramientas de acceso rápido**. Contiene botones con las funciones más utilizadas. Podemos añadir y eliminar los botones que deseemos a esta barra.

5. **Barra de estado**. Muestra en todo momento la situación en que se encuentra la base de datos: en la tabla, consulta, formulario, etc.

Cuando se abre una base de datos que contenga información que pueda albergar instrucciones peligrosas para el equipo o el usuario, Access ofrece una barra bajo la cinta de opciones con un botón:

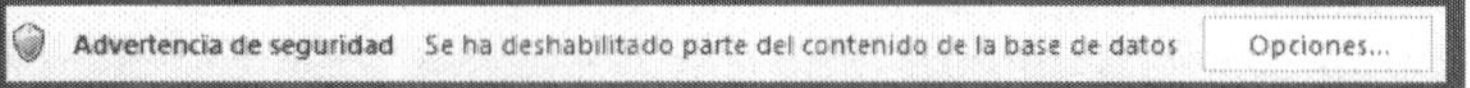

Al pulsar su botón Opciones... se obtiene un cuadro de diálogo que permite al usuario admitir o no dicha información. Esto debe consentirse sólo cuando se está seguro de que su contenido es fiable.

LA CINTA DE OPCIONES

La practica ausencia total de menús en la versión 2007 de los programas de Office hacen de la cinta de opciones el elemento principal con el que se accede a todas las funciones de cada programa.

En esta versión de Office es necesario que el usuario "cambie el chip" y olvide los menús como elemento principal de acceso a las funciones. Microsoft apuesta en este caso por una evolución de las barras de herramientas de forma que un usuario pueda ver diferentes grupos clasificados por fichas con los que acceder a las funciones cotidianas. Aun así, el nuevo método exige una adaptación que lleva cierto tiempo. Sin embargo, el acceso a las funciones de la cinta de opciones, sin el uso del ratón, resulta realmente simple y es recomendable que sea éste el método habitual de trabajo de todo aquel usuario que sea un mecanógrafo razonablemente rápido.

Cuando se pulsa la tecla **ALT** aparecen varias letras resaltadas superpuestas a las fichas y elementos de la cinta, al pulsar la tecla de esa letra se activa la ficha, momento en el cual aparecerán más letras o números, incluso a pares, que al ser pulsadas activarán la función correspondiente. Por ejemplo, si se pulsa **ALT** y luego las teclas **C**, **T y A** se crea una tabla en la base de datos.

Hay un modo sencillo de acceder a los botones de la cinta. Consiste simplemente en pulsar y soltar la tecla **ALT**. Luego, se emplean las teclas del cursor para desplazarse por las fichas y los botones hasta que se alcanza el que se desea activar, momento en el que se pulsa **INTRO**.

Además, al llevar el ratón sobre un botón u otro elemento de la cinta y mantenerlo ahí detenido unos instantes, aparece un cuadro de ayuda que informa sobre la función de ese elemento.

CREACIÓN DE BASES DE DATOS

Vamos a empezar por indicar la forma en que se crea una nueva base de datos vacía. Si acabamos de entrar en Access, podemos pulsar el botón **Base de datos en blanco**. Al hacerlo, Access muestra a la derecha de la ventana el panel de tareas, en el que debemos dar nombre a la nueva base de datos y pulsar el botón .

La base de datos se crea en la carpeta que se muestra bajo el cuadro de texto en el que se teclea el nombre; sin embargo, podría ser necesario situarla en otra carpeta, para lo cual se puede pulsar el botón  que se encuentra a la derecha del mismo cuadro de texto.

Puesto que una base de datos necesita como mínimo una tabla para ser útil al usuario, en el momento de crear dicha base Access lleva a la ventana de diseño de tablas para añadir una:

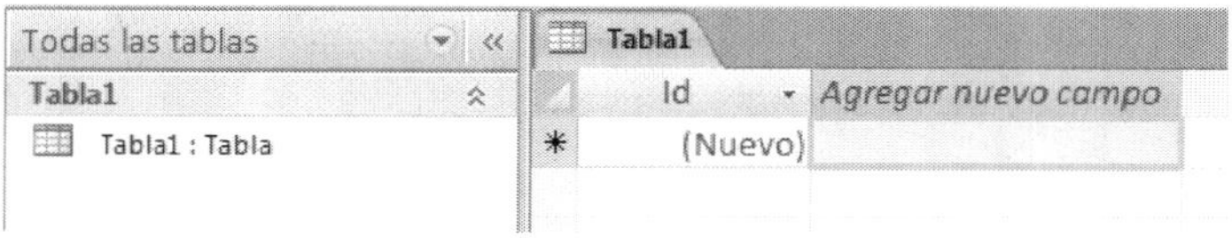

Si no desea crear la tabla en ese momento, observe que en la parte derecha, a la altura de la pestaña 

, dispone de un botón para cerrarla. Si lo pulsa, abandonará su creación sin añadir nada.

Trataremos la creación de las tablas posteriormente.

EL PANEL DE EXPLORACIÓN: COMPONENTES DE LA BASE DE DATOS

Cuando se dispone de una base de datos y está abierta, el panel de exploración, que se encuentra a la izquierda de la ventana de Access, muestra todos sus elementos. Contiene un sistema de navegación con elementos que dan acceso al contenido de la base de datos.

Los elementos que puede contener una base de datos de Access son los siguientes:

1. **Tablas**. Se puede decir que las tablas son los cimientos sobre los que se construyen las bases de datos, ya que éstas contienen la información en bruto que estará disponible para el resto de funciones.

2. **Consultas**. Las consultas ofrecen la posibilidad de extraer la información de las tablas. Cada consulta localiza datos concretos que cumplen ciertas condiciones y permite realizar varias tareas con ellos (mostrarlos, eliminarlos, actualizarlos, etc.).

3. **Formularios**. Son ventanas de Windows cuya finalidad es actuar como una ficha rellenable para los datos de las tablas. El resultado de la creación de un formulario es que Access permitirá introducir y editar los datos de una tabla (o de varias conjuntas), de una forma más cómoda (en lugar de directamente sobre la tabla original). También permiten interactuar al usuario con la información. Es posible añadir botones y otros controles que, al ser empleados, realicen alguna tarea sobre los datos de la tabla, calculen operaciones matemáticas o lógicas.

4. **Informes**. Se trata de elementos cuya función es generar información obtenida de las tablas perfectamente distribuida, legible y agradablemente expuesta para la impresora.

5. **Macros**. Una macro es una función compleja que se ha construido partiendo de otras más simples. Se crean macros con la finalidad de que ejecuten de forma automática varias funciones que sea necesario aplicar con frecuencia.

Para acceder a cualquiera de estos elementos, se despliega el menú del panel de exploración y se selecciona una de sus opciones:

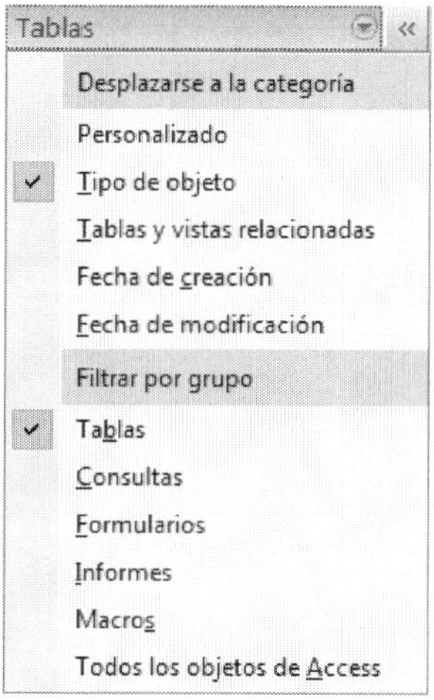

En el menú existen dos grupos: **Desplazarse a la categoría** que permite distribuir los elementos de diferentes formas y **Filtrar por grupo** con el que podemos elegir cada tipo de elemento de la base de datos:

1. Con **Desplazarse a la categoría** elegimos un modo de mostrar los elementos de la base de datos en el panel de exploración, como, por ejemplo, colocarlas por la fecha de creación o la de modificación. En la siguiente figura puede ver todos los elementos de una base de datos según su fecha de creación:

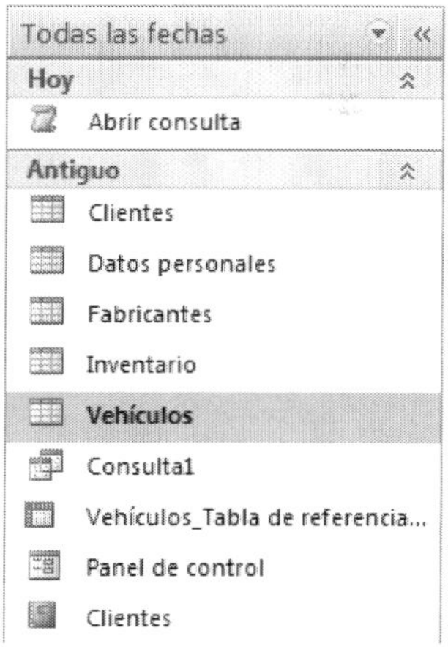

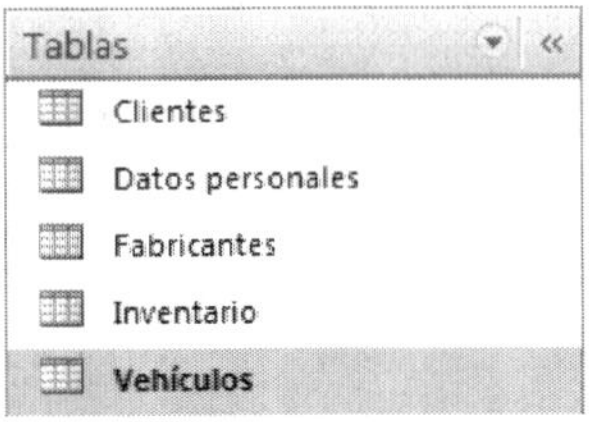

2. Con **Filtrar por grupo** podemos ver la lista de los elementos que elijamos (tablas, consultas, formularios, etc.). En la figura junto al margen puede verse una lista de tablas. Haciendo doble clic en uno de ellos (como una tabla) se abre para poder darle contenido.

Una vez que se ha abierto, se puede pulsar el botón **Ver** del grupo **Vistas** en la ficha **Inicio** de la cinta de opciones para elegir el modo de trabajo. Por ejemplo, el modo **Vista diseño** permite modificar los datos con los que se ha construido un elemento de la base de datos. Por ejemplo, puesto que la estructura de una tabla está formada por los campos y sus tipos, al seleccionar una y pulsar este botón se podrán añadir, borrar o modificar los campos que la conforman. Al igual que con las tablas, el resto de los elementos de una base de datos tienen una estructura o forma (consultas, formularios, informes, etc.) que puede modificarse utilizando este botón.

CAPÍTULO 1

CREACIÓN Y MANTENIMIENTO DE TABLAS

Con Access se pueden crear tablas para una base de datos accediendo a la ficha **Crear** de la cinta de opciones y pulsando el botón **Tabla** del grupo **Tablas**. Sin embargo, este modo crea la tabla a nueva tabla predefinida en la que Access espera únicamente que le demos nombre, sin establecer su tipo ni sus propiedades inicialmente.

En el mismo grupo **Tablas** disponemos del botón desplegable **Plantillas de tabla** que contiene tablas que ya contienen hecha parte de la información, ahorrando al usuario diseñarla.

Cuando se pulsa dicho botón **Tabla**, obtenemos una ventana en la que añadimos los campos:

Se teclea el nombre del campo y, al pulsar el tabulador, se pasa al siguiente hasta haber completado la lista.

Si se trata de incorporar una tabla de otra base de datos, se pueden emplear los botones del grupo **Importar** que se encuentra en la ficha **Datos externos** de la cinta de opciones. Así, mediante los botones de Access y Excel se pueden importar tablas de datos procedentes de esos dos programas.

Por otra parte, el botón Más permite elegir otras aplicaciones como dBase, Paradox o Lotus 1-2-3 para incorporar tablas de esos sistemas a su base de datos de Access.

EL MODO *VISTA DISEÑO*

El modo más completo para crear una tabla es el de **Vista diseño**. Para crear una tabla con este modo se emplea el botón **Diseño de tabla** de la ficha **Tablas** en la ficha **Crear** de la cinta de opciones.

Este modo se emplea también para modificar el diseño de una tabla que ya esté creada.

Al pulsar el botón **Diseño de tabla** se obtiene una ventana en la que se especificarán todos los campos de la nueva tabla, sus tipos y propiedades:

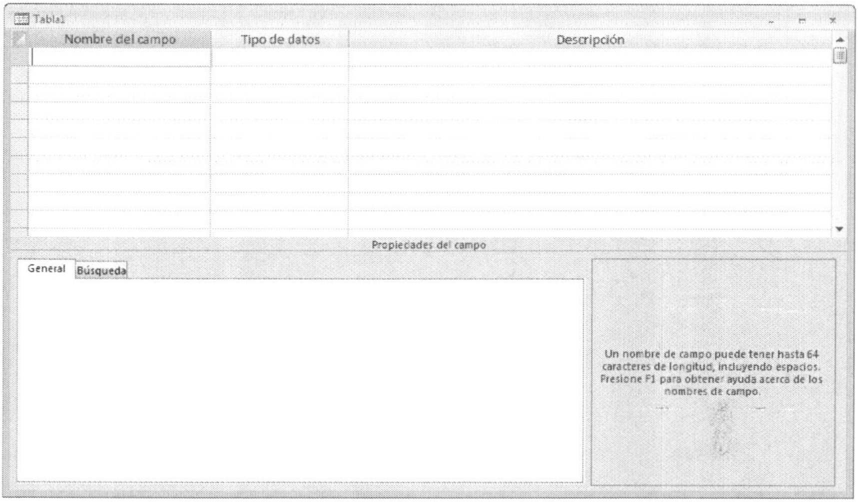

En esta ventana se aprecian tres columnas con las que se añaden o modifican los campos de la tabla:

1. **Nombre del campo**. En las filas de esta columna se van tecleando los identificadores de los campos, que pueden tener un máximo de 64 caracteres.

Nombre del campo
Nombre
Apellidos
Dirección
Salario
Fecha de nacimiento

2. **Tipo de datos**. En esta columna se establece el tipo de información que va a contener cada campo. Recuerde que los tipos de datos los hemos detallado en el apartado *Tipos de campos con Access* de la *Introducción*.

Nombre del campo	Tipo de datos
Nombre	Texto
Apellidos	Texto
Dirección	Texto
Salario	Moneda
Fecha de nacimiento	Fecha/Hora

3. **Descripción**. Escribir datos en esta columna es opcional, ya que se trata de información aclaratoria para el usuario que rellene la tabla con datos. En este campo se puede describir la función que tendrá el campo en la tabla o cómo debe rellenarse. Su contenido aparece en la barra de estado (la parte inferior de la ventana de Access) cuando se va a escribir o cambiar un dato en ese campo. Unos ejemplos:

Nombre del campo	Tipo de datos	Descripción
Nombre	Texto	Escriba el nombre del empleado
Apellidos	Texto	Escriba los apellidos del empleado
Dirección	Texto	Dirección del empleado
Salario	Moneda	¿Cuánto gana este empleado?
Fecha de nacimiento	Fecha/Hora	¿Cuándo nació este empleado

Propiedades de los campos

El panel **Propiedades del campo**, en la parte inferior de la ventana, permite complementar la funcionalidad de los campos mediante valores y funciones que alteran la forma de actuar y responder de los campos cuando se muestran en pantalla o durante la adición de sus datos.

Supóngase, por ejemplo, que se añade a la tabla el campo *Nombre* (de tipo *Texto*). En el panel de la parte inferior de la ventana de diseño se obtendría lo siguiente:

Como se puede apreciar, se trata de una ficha en cuya pestaña aparece el nombre **General**. Ahí se pueden establecer las propiedades de cada uno de los campos que van a componer la tabla. Para acceder a esas propiedades podemos, además de hacer clic en una, pulsar la tecla **F6**.

Estas propiedades poseen diferentes funcionalidades definidas por Microsoft. Para modificar una propiedad se hace clic en ella, con lo que mostrará un botón en su parte derecha. Dependiendo de la propiedad puede aparecer un botón para desplegar (▾), o bien, para acceder a un asistente (...) que necesita varios pasos para proporcionar un resultado.

Empecemos por ver las propiedades de cada campo antes de detallarlas:

1. Propiedades para el tipo **Texto**:

- Tamaño del campo.
- Formato.
- Máscara de entrada.
- Título.
- Valor predeterminado.
- Regla de validación.
- Texto de validación.
- Requerido.
- Permitir longitud cero.
- Indexado.
- Compresión Unicode.
- Modo IME.
- Modo de oraciones IME.
- Etiquetas inteligentes.

2. Propiedades para el tipo **Memo**:

- Formato.
- Título.
- Valor predeterminado.
- Regla de validación.
- Texto de validación.
- Requerido.
- Permitir longitud cero.
- Indexado.
- Compresión Unicode.
- Modo IME.
- Modo de oraciones IME.
- Etiquetas inteligentes.
- Formato del texto.
- Alineación del texto.
- Sólo anexar.

3. Propiedades para el tipo **Número**:

- Tamaño del campo.
- Formato.

- Lugares decimales.
- Máscara de entrada.
- Título.
- Valor predeterminado.
- Regla de validación.
- Texto de validación.
- Requerido.
- Indexado.
- Etiquetas inteligentes.
- Alineación del texto.

4. Para los campos de tipo **Fecha/Hora** las propiedades son:

- Formato.
- Máscara de entrada.
- Título.
- Valor predeterminado.
- Regla de validación.
- Texto de validación.
- Requerido.
- Indexado.
- Modo IME.
- Modo de oraciones IME.
- Etiquetas inteligentes.
- Alineación del texto.
- Mostrar el Selector de fecha.

5. Propiedades para el tipo **Moneda**:

- Formato.
- Lugares decimales.
- Máscara de entrada.
- Título.
- Valor predeterminado.
- Regla de validación.
- Texto de validación.
- Requerido.
- Indexado.

- Etiquetas inteligentes.
- Alineación del texto.

6. Propiedades para el tipo **Autonumérico**:

- Tamaño del campo.
- Nuevos valores.
- Formato.
- Título.
- Indexado.
- Etiquetas inteligentes.
- Alineación del texto.

7. Propiedades para el tipo **Sí/No**:

- Formato.
- Título.
- Valor predeterminado.
- Regla de validación.
- Texto de validación.
- Indexado.
- Alineación del texto.

8. Propiedades para el tipo **Objeto OLE**:

- Título.
- Requerido.
- Alineación del texto.

9. Propiedades para el tipo **Hipervínculo**:

- Formato.
- Título.
- Valor predeterminado.
- Regla de validación.
- Texto de validación.
- Requerido.
- Permitir longitud cero.
- Indexado.

- Compresión Unicode.
- Modo IME.
- Modo de oraciones IME.
- Etiquetas inteligentes.
- Alineación del texto.
- Sólo anexar.

10. Propiedades para el tipo **Datos adjuntos**:

- Título.
- Requerido.

A continuación se describe la utilidad que ofrece cada propiedad:

1. **Tamaño del campo**. Esta propiedad establece cuál será el tamaño máximo de los datos que rellenen el campo. Sólo se puede emplear esta propiedad en los tipos **Texto** y **Número**:

- **Texto**: el tamaño de texto se mide en caracteres. Por ejemplo, si se indica como tamaño **30** a un campo de tipo *Texto*, el máximo número de caracteres que podrán escribirse en ese campo en cada registro será de 30. El tamaño máximo para el tipo *Texto* es de 255 caracteres.

- **Número**: para los datos numéricos se dispone de cinco tamaños:

  a) **Byte**. Admite únicamente números enteros comprendidos entre 0 y 255.

  b) **Entero**. Admite únicamente números enteros comprendidos entre -32.768 y +32.767.

  c) **Entero largo**. Admite únicamente números enteros comprendidos entre -2.147.483.648 y +2.147.483.647.

  d) **Simple**. Admite números reales (tanto enteros como fraccionarios con decimales). Si son negativos, podremos teclear valores que oscilen entre -3,402823 x 10^{38} y -1,401298 x 10^{-45}, mientras que si son positivos, estarán entre 1,401298 x 10^{-45} y 3,402823 x 10^{38}.

e) **Doble**. Admite números reales (enteros y fraccionarios con decimales). Cuando se trate de números negativos, podremos teclear valores que oscilen entre $1{,}79769313486231 \times 10^{308}$ y $-4{,}94065645841247 \times 10^{-324}$, y cuando se trate de positivos, entre $1{,}79769313486231 \times 10^{308}$ y $4{,}94065645841247 \times 10^{-324}$.

2. **Formato**. Con esta propiedad se establece la forma automática en que aparecerá el dato. El formato no se puede apreciar hasta que se termina de escribir el dato y se pasa a otro. Por ejemplo, si se ha establecido que un supuesto campo *Nombre* debe aparecer en mayúsculas de forma automática y se escribe el nombre *Félix*, no se verá en mayúsculas hasta que se pase a otro campo.

- El tipo *Texto* no tiene formatos predefinidos y, si se desea utilizar uno, debe construirse. Los dos formatos principales del tipo texto son el símbolo > (mayor que) que obliga a que todos los caracteres del campo aparezcan en mayúsculas y el símbolo < (menor que) que obliga a los caracteres a aparecer en minúscula.

- Los tipos **Número**, **Autonumérico** y **Moneda** (los tipos numéricos por excelencia) disponen de varios modos de representación de números (con punto separador de miles, en formato científico, con el símbolo de euros, etc.). Se despliega su lista de **Formato** (cuando esté en un campo numérico) y se obtienen los siguientes tipos y sus aspectos, con lo que bastará seleccionar el que se necesite.

Número general	3456,789
Moneda	3.456,79 €
Euro	3.456,79 €
Fijo	3456,79
Estándar	3.456,79
Porcentaje	123,00%
Científico	3,46E+03

- El tipo **Fecha/Hora** también dispone de varios formatos de aspecto, tanto para los campos que únicamente van a contener una fecha, como para los que albergarán una hora o ambos.

Fecha general	19/06/2007 17:34:23
Fecha larga	martes, 19 de junio de 2007
Fecha mediana	19-jun-07
Fecha corta	19/06/2007
Hora larga	17:34:23
Hora mediana	5:34
Hora corta	17:34

- El tipo **Sí/No** sólo dispone de tres formatos. Cabe recordar que este tipo únicamente puede contener el dato *Sí* (o derivados) o el dato *No* (o derivados).

Sí/No

Verdadero/Falso	Verdadero
Sí/No	Sí
Activado/Desactivad	Activado

3. **Máscara de entrada**. Permite añadir una plantilla de escritura para los datos. Se utiliza con datos que tienen un aspecto uniforme (como la matrícula de un coche). Por ejemplo, si se va a introducir un DNI, se puede escribir separando los millares con un punto, y la letra del final con un guión (por ejemplo: *50.000.000-A*). Se puede crear la máscara de entrada de dos formas: mediante asistente o de forma manual:

   - Para utilizar el asistente se hace clic en el cuadro de texto de la máscara de entrada, se pulsa el botón ... que aparece a su derecha y se siguen los pasos correspondientes. Antes de iniciar el asistente, Access obligará a guardar la tabla como esté hasta el momento. El primer paso del asistente puede verse en la figura siguiente. En él, existen varias plantillas predeterminadas, como el **Número de teléfono** o el **NIF**. Incluso existe el tipo **Contraseña** que no permite ver el contenido del campo. Después de este paso existen otros tres para concretar los datos de la plantilla que se desea aplicar al campo.

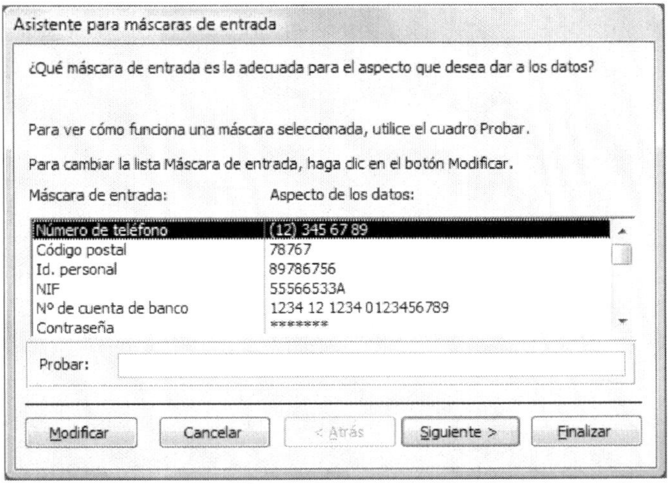

Si se emplea la plantilla para números de teléfono hay que tener precaución, ya que puede estar incluyendo el número de un móvil, que tiene distinta forma (sin prefijo ni guiones). Además, debe tener en cuenta que si el número llevará prefijo internacional la máscara que ofrece el asistente no le servirá.

- Para crear una máscara de entrada manualmente hay que servirse de varios símbolos que tienen funciones especiales. Cada uno de estos símbolos representa un carácter que el usuario podrá o no teclear:

  a) En los lugares de la máscara en los que se teclee un **9**, el usuario podrá escribir un dígito (entre 0 y 9). Dicho dígito podrá dejarse sin teclear (en su lugar existirá un espacio en blanco).

  b) El símbolo **#** es similar al anterior, pero una vez terminada la escritura del dato completo, aquellos espacios que se hayan dejado en blanco (en lugar de teclear una cifra) serán eliminados y no se grabarán en el disco.

  c) En los lugares en los que se teclee un **0** (cero) el usuario podrá escribir un dígito (entre 0 y 9) que no podrá dejarse sin teclear (será obligatorio escribirlo).

  d) En los lugares en los que se teclee una **L** el usuario podrá escribir cualquier letra. Esa letra no podrá dejarse sin teclear (es obligatorio escribirla).

  e) En los lugares en los que se teclee una **?** (interrogación) el usuario podrá escribir cualquier letra, que podrá dejarse sin teclear (no es obligatorio escribirla).

  f) En los lugares en los que se teclee una **a** el usuario podrá escribir cualquier letra o número, que podrá dejarse sin teclear (no es obligatorio escribirla).

  g) En los lugares en los que se teclee una **A** el usuario podrá escribir cualquier letra o número, que no podrá dejarse sin teclear (es obligatorio escribirla).

  h) En los lugares en los que se teclee un **&** el usuario podrá escribir cualquier carácter o espacio, que no podrá dejarse sin teclear (es obligatorio escribirlo).

  i) En los lugares en los que se teclee una **C** el usuario podrá escribir cualquier carácter o espacio, que podrá dejarse sin teclear (no es obligatorio escribirlo).

j) El símbolo > asegura que todas las letras que le sigan (a su derecha) aparezcan automáticamente en mayúsculas. Igualmente se podrá emplear el signo < para que aparezcan en minúsculas.

k) El símbolo ! cambia la dirección de relleno del dato, en lugar de escribirse de izquierda a derecha se hace a la inversa.

l) Cualquier otro símbolo que se teclee en una máscara aparecerá en el dato en la misma posición en la que la haya colocado. No obstante, para asegurarse es preferible teclear el símbolo \ delante del otro. Si se trata de varios caracteres en lugar de uno sólo, tecléelos entre comillas (por ejemplo, "kg.").

Los caracteres que añada a una máscara de entrada no formarán realmente parte del dato cuando lo escriba. Por ejemplo, si añade una máscara para un DNI con puntos separadores de miles y un guión para separar la letra del final, éstos (puntos y guión) no formarán parte del dato, que estará compuesto sólo por los dígitos de DNI y su letra a efectos de almacenamiento en el disco.

4. **Título**. Cuando se rellena una tabla, encabezando las columnas aparecen los nombres de los campos; sin embargo, esos nombres no pueden construirse con ciertos caracteres (por ejemplo, un nombre de campo no admite puntos separadores ni finales). Si es necesario emplear uno de esos símbolos, el nombre deberá seguir sin contenerlos, pero la propiedad símbolo permite teclearlos para que se vean así en la tabla. Por ejemplo, si se emplea el *D.N.I.* en una tabla, no se puede dar literalmente ese nombre al campo debido a que lleva puntos. La solución es teclear *DNI* en el nombre y poner *D.N.I.* como **Título**.

5. **Valor predeterminado**. El valor predeterminado es un dato que ya aparece escrito cada vez que se va a dar de alta un nuevo registro en la tabla. Por ejemplo, si se tiene el campo *País de origen de la película* en una tabla sobre películas, se podría asignar *USA* como valor predeterminado (porque la mayor parte de las películas vienen de allí). De este modo, en cada nuevo registro que se vaya a escribir aparecerá ya escrito el dato *USA* automáticamente y no será necesario escribirlo de nuevo. Si se ha de teclear otro país, bastará con hacerlo como si el dato *USA* no

estuviese ahí. Su función ahorra trabajo cuando se sabe que el valor que se va a escribir para ese campo en la mayoría de los registros es el mismo (en nuestro ejemplo, *USA*).

> Cuando se trabaja con un campo de tipo numérico Access asigna como valor predeterminado el 0 (cero). Así pues, si necesita vaciar un dato numérico cuando esté añadiendo datos a la tabla, deberá borrar el cero que le aparecerá escrito inicialmente.

6. **Regla de validación**. Esta propiedad limita los valores que el usuario puede escribir en el campo. Por ejemplo, una edad (siendo optimistas) no superará el valor 150 (si se habla de años para personas), por tanto, se podría limitar el valor de entrada de forma que no se pudiera escribir un número mayor que 150 ni menor que 0. El proceso de validación se crea tecleando en el mismo cuadro de texto de la **Regla de validación**, o bien, mediante el generador de expresiones (pulsando el botón [...]) que ayuda a construir una función matemática o lógica que limite los valores aceptados por el campo.

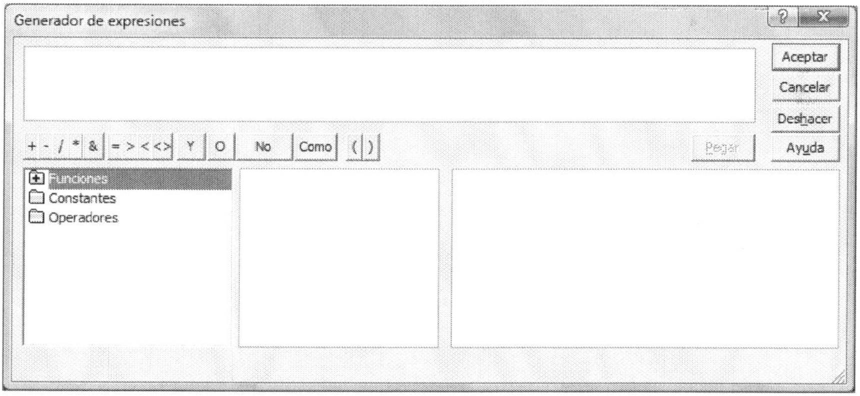

Para dar validez al ejemplo que hemos puesto, el campo *Edad* deberá ser mayor que 0 y menor (o igual) que 150, luego la expresión que validaría ese caso sería:

`[Edad]>0 Y [Edad]<=150`

*(Edad mayor que cero **Y** Edad menor o igual que 150).*

- Obsérvese que el campo *Edad* se escribe entre corchetes, pero no es necesario teclearlos, ya que, si Access detecta que la palabra *Edad* se corresponde con un campo de la tabla, asumirá que dicha palabra es en realidad el campo *Edad* y le añadirá los corchetes automáticamente. Sólo será necesario teclearlos en campos cuyo nombre esté formado por más de una palabra (ejemplo *[Código postal]*).

- La expresión anterior puede escribirse con el teclado, o bien utilizando los botones que aparecen en el generador de expresiones.

Se pueden definir condiciones complejas ayudándose de los operadores lógicos **Y** (*AND*) y **O** (*OR*).

1. Según el operador **Y** (*AND*), para que la condición general sea cierta, ambas condiciones deberán serlo igualmente. Por ejemplo, en un supuesto campo *Edad* para personas: *>=18 Y <=30*. Según esta condición, sólo se podrán escribir edades de personas cuya edad sea mayor o igual que 18 años y menor o igual a 30, es decir, las que tengan entre 18 y 30 años.

2. Según el operador **O** (*OR*), para que la condición general sea cierta, basta con que una de las dos condiciones lo sea. Por ejemplo, en un supuesto campo *Color de pelo* de personas: *="Rubio" O ="Castaño"*. Según esta condición, sólo se podrán escribir los datos *Rubio* y *Castaño* en el campo.

Algunas versiones de Access no permiten teclear estos datos en español, en cuyo caso deberá teclear **AND** en lugar de **Y** y **OR** en lugar de **O**.

7. **Texto de validación**. Se escribe siempre que se ha añadido una **Regla de validación**. En esta propiedad se teclea el mensaje de error que obtendrá el usuario si quebranta la regla de validación. Por ejemplo, si se escribe *El número debe estar incluido entre 1 y 150*, cuando el usuario intente escribir un valor incorrecto, obtendrá el siguiente cuadro de advertencia:

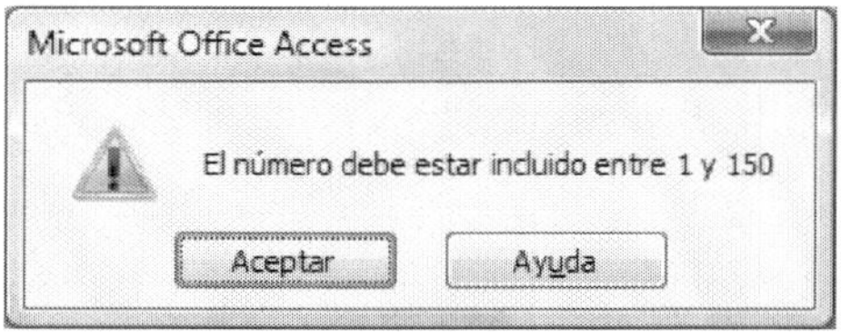

8. **Requerido**. Si se elige **Sí** en **Requerido**, cuando el usuario escriba datos en un registro, no podrá finalizarlo ni guardarlo si el campo en cuestión está vacío. Si se elige **No** (o se deja como aparece inicialmente), podrá dejarse vacío.

> En un campo numérico Access asigna como valor predeterminado el 0 (cero). Esto significa que, aunque no se borre ese valor, el campo ya tendrá escrito uno. Si es necesario que no aparezca dicho cero, debe borrarse en la propiedad **Valor predeterminado** del campo numérico con el que esté trabajando. Entonces, al estar vacío el campo, la propiedad **Requerido** exigirá que el usuario añada un valor (aunque sea el cero) antes de pasar a otro registro.

9. **Permitir longitud cero**. Similar al anterior. En los campos de tipo Texto, Memo o Hipervínculo se puede dejar vacío su contenido (tamaño cero caracteres) si se elige **Sí** para esta propiedad. La cadena de longitud cero consiste en escribir dos comillas con un espacio entre ellas: " ". Si se selecciona **No**, no se podrá teclear " ".

10. **Indexado**. Crea un índice para la tabla. Se puede optar por **Sí (Con duplicados)** o **Sí (Sin duplicados)**. Si no desea aplicar un índice al campo se elige **No**. Por ejemplo, si en el campo *Matrícula* se elige **Sí (Sin duplicados)** el usuario no podrá escribir dos o más matrículas iguales a lo largo de la tabla.

11. **Lugares decimales**. En los campos numéricos (tipos **Autonumérico**, **Número** y **Moneda**) se puede ajustar esta propiedad que permite establecer la cantidad de cifras decimales que contendrá el campo numérico en cuestión. Para trabajar con esta propiedad, sencillamente se escribe el

número de decimales que se desean ver en el campo, o bien se elige **Automático**, que muestra sólo los decimales que el usuario escriba en cada valor.

12. **Nuevos valores**. En los campos de tipo **Autonumérico** puede utilizarse la opción **Incrementalmente** que se limitará a ir aumentando el valor en cada registro nuevo de la tabla, o bien **Aleatoriamente** que asigna un valor al azar a cada nuevo registro (aunque sin repetir ninguno).

13. **Compresión Unicode**. Unicode es un estándar mundial de comunicación entre ordenadores. Ofrece un método que mejora el sistema ASCII puesto que emplea dos bytes para cada carácter, en lugar de uno sólo. Esto permite mayor variedad de datos para cada carácter y ciertas ventajas a la hora de enviar datos de un ordenador a otro. Como contrapartida, cada texto que emplea el sistema Unicode ocupa más espacio en disco (el doble, puesto que cada carácter ocupa dos bytes en lugar de uno). Si se activa la **Compresión Unicode** con **Sí**, los datos de texto se almacenarán comprimidos (ocupando menos espacio en el disco) para compensarlo. Por ello, cada nuevo campo de tipo **Texto**, **Memo** o **Hipervínculo** que se emplee en una tabla aparecerá por defecto con esta propiedad en **Sí**.

14. Las propiedades **Modo IME** y **Modo de oraciones IME** están relacionadas con la entrada de datos en idiomas asiáticos en Access, de ahí que aparezcan sólo en los campos textuales (**Texto**, **Memo** e **Hipervínculo**) y de fecha (**Fecha/Hora**).

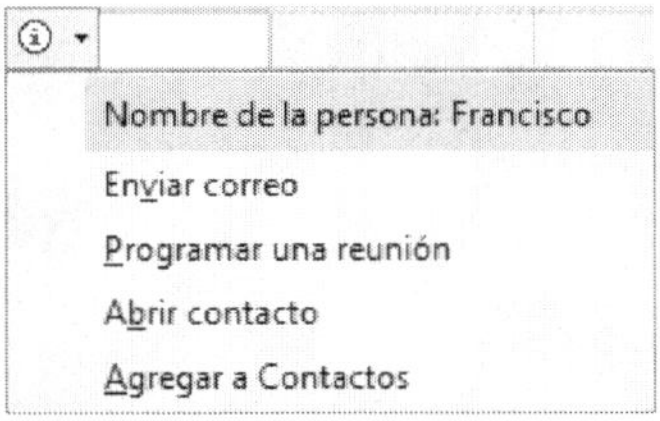

15. La propiedad **Etiquetas inteligentes** permite asignar al campo estas etiquetas con las que se le pueden aplicar acciones especiales (enviar un correo, mostrar un calendario, etc.). Se accede a estas acciones al rellenar la tabla (aparece el icono ⓘ desplegable para que las elijamos, como mostramos en la figura junto al margen). Inicialmente se ofrecen pocos tipos de etiquetas: **Fecha**, **Número de teléfono** y **Nombre de la persona**, pero en el cuadro de diálogo que ofrece esta propiedad (al pulsar en [...]) se pueden añadir más mediante el botón [Más etiquetas inteligentes] desde Internet (a día de hoy, con su información en inglés).

16. **Alineación del texto**. Permite alinear el texto en el cuadro en que se escriba (izquierda, derecha, centrar, etc.).

17. **Sólo anexar**. Impide hacer cambios en el campo: únicamente se podrán añadir más sin modificar o eliminar los que ya estuvieran escritos.

18. **Mostrar el Selector de fecha**. Si se activa (eligiendo **Para fechas**), durante la escritura de los datos en la tabla se ofrece el icono y si se hace clic en él, se despliega un sencillo calendario en el que la fecha se puede seleccionar haciendo otro clic en el número del día. En este calendario se puede navegar por las fechas haciendo clic en los iconos de flecha situados a los lados del mes. También se puede pulsar el botón Hoy para acceder rápida y fácilmente a la fecha actual. Esta función se puede desactivar eligiendo **Nunca** en la propiedad **Mostrar el Selector de fecha**.

Campos de tipo *Asistente para búsquedas*

En principio, cuando se van a rellenar datos en una tabla se emplea un cuadro de texto en el que el operario debe teclear su contenido. Sin embargo, es posible que dicho contenido pueda rellenarse empleando otros tipos de controles como listas desplegables en las que se selecciona el dato en una lista, en lugar de escribirse manualmente.

El asistente para búsquedas permite diseñar estos controles especiales, si bien existen ciertos campos en los que no se puede elegir esta opción, por ejemplo, los campos que estén relacionados con otros de otra tabla o los campos en los que previamente hayamos elegido el tipo **Objeto OLE**.

Cuando se selecciona **Asistente para búsquedas** en un campo al crear o modificar una tabla en modo **Vista Diseño**, aparece el primer paso del asistente en el que se elige si los datos que mostrará la lista al ser desplegada se van a teclear a continuación (**Escribiré los valores que desee**), o bien si Access los extraerá de otra tabla o consulta (**Deseo que la columna de búsqueda busque los valores en una tabla o consulta**).

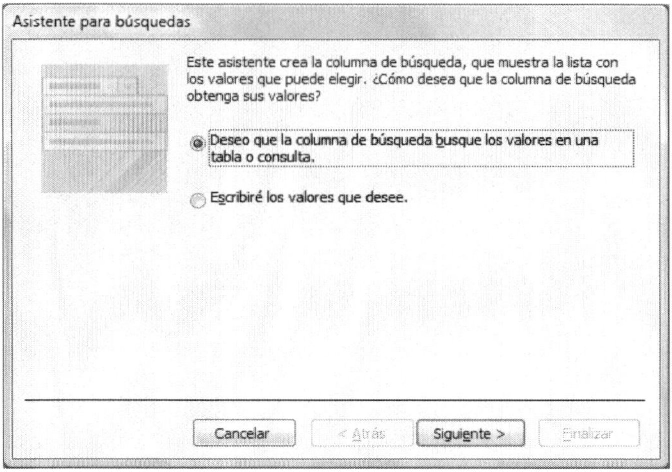

Si se opta por lo último, será necesario elegir la tabla o consulta de la que se extraerán los datos para la lista desplegable (de lo contrario el asistente sigue otro rumbo en el que el usuario debe escribir los valores en una lista).

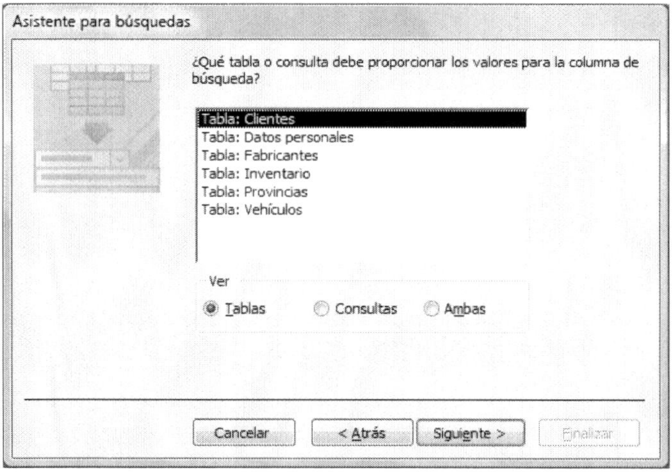

Este paso muestra el resto de las tablas de la base de datos en las que se elige uno de sus campos cuyo contenido será listado al desplegar el control. Este cuadro no sólo permite elegir **Tablas**, sino también **Consultas**, para lo cual utilizaremos los botones del grupo **Ver**.

Una vez elegida la tabla o consulta elegiremos el campo, para lo cual accederemos al siguiente paso:

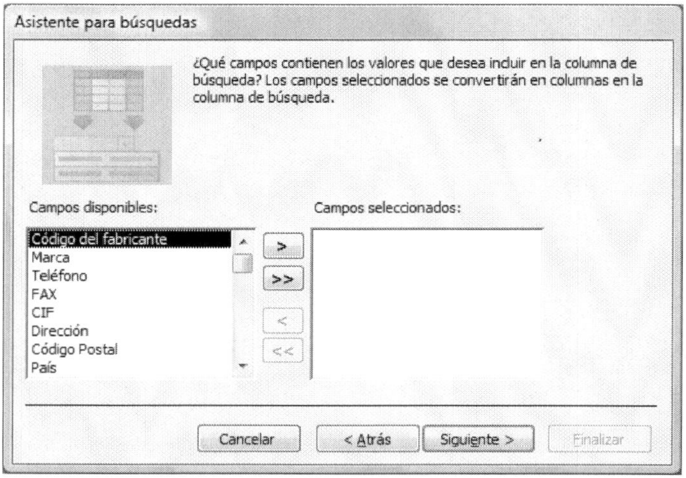

En este cuadro se elige el campo cuyo contenido se empleará al desplegar la lista. Se utilizan los botones [>], [>>], [<] y [<<] para seleccionar o deseleccionar campos. Hasta que no se añada al menos un campo, no se podrá pasar al siguiente paso que se emplea para elegir el campo por el que se ordenarán los datos de la lista.

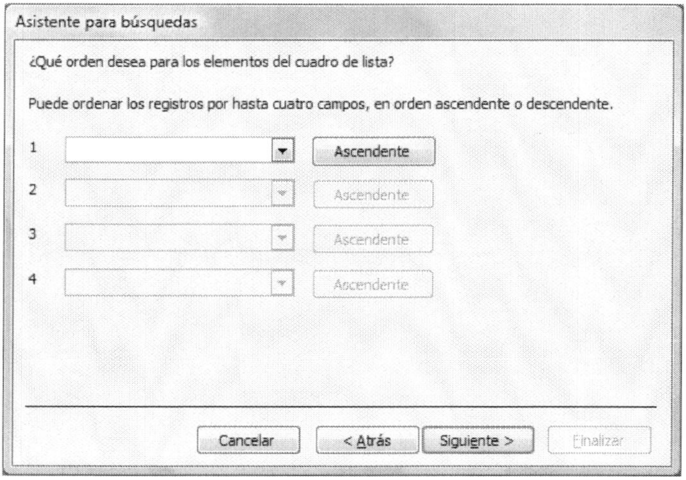

En el siguiente paso aparecen los campos elegidos que se listarán al desplegar la lista. Su función es permitir la modificación de la anchura de éstos. Se lleva el puntero del ratón hasta un borde (izquierdo o derecho) del campo, se hace clic y, sin soltar el botón del ratón, se arrastra a un lado u otro. También se puede elegir si aparecerá listado el campo clave de la tabla (suele ser útil si el campo clave lleva un recuento que se desea que aparezca al desplegar la lista):

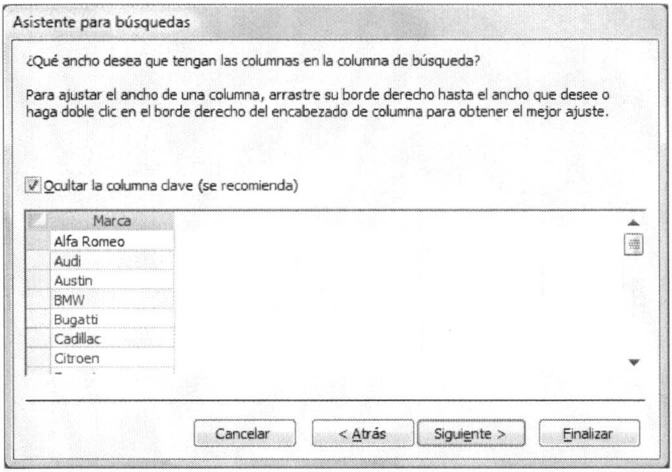

El último paso ofrece el siguiente aspecto:

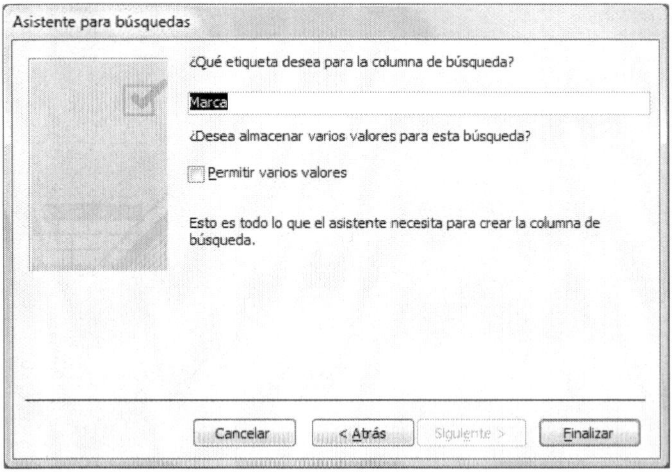

En este último paso se escribe el nombre que tendrá la columna del campo en la tabla y si permite varios valores en él.

El resultado de aplicar este tipo de campos es apreciable cuando se va a rellenar la tabla con datos, ya que, cuando se vaya a rellenar el campo en cuestión, no sólo se dispondrá de la posibilidad de añadir su contenido tecleándolo, sino también de seleccionarlo en una lista desplegable.

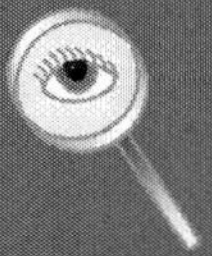

Todo el trabajo que realiza este asistente puede llevarse a cabo manualmente desde la ficha **Búsqueda** del modo Vista diseño de tablas.

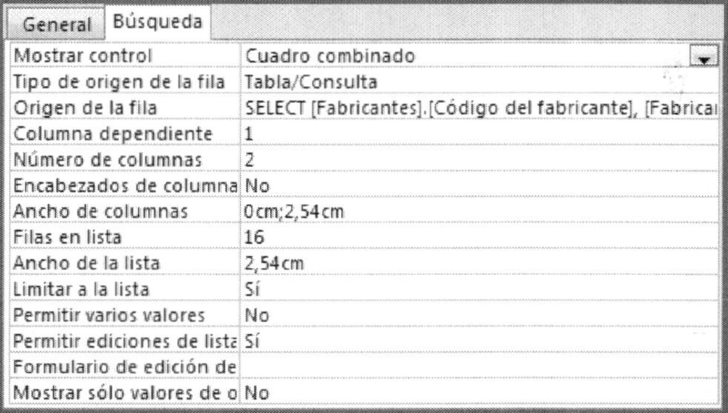
General | Búsqueda

Mostrar control	Cuadro combinado
Tipo de origen de la fila	Tabla/Consulta
Origen de la fila	SELECT [Fabricantes].[Código del fabricante], [Fabrica
Columna dependiente	1
Número de columnas	2
Encabezados de columna	No
Ancho de columnas	0cm;2,54cm
Filas en lista	16
Ancho de la lista	2,54cm
Limitar a la lista	Sí
Permitir varios valores	No
Permitir ediciones de lista	Sí
Formulario de edición de	
Mostrar sólo valores de o	No

Es destacable la función **Limitar a la lista**. Si se le asigna el valor **Sí**, el usuario no podrá teclear otros valores que no estén contenidos en la lista, evitando, hasta cierto punto, errores en la introducción de datos.

Creación de campos clave

Para crear un campo clave se selecciona en la lista de la ventana de diseño y se pulsa el botón **Clave principal** del grupo **Herramientas** de la ficha **Diseño** en la cinta de opciones.

Si se vuelve a activar en otro campo de la tabla, el que hasta ahora lo era deja de serlo en favor del nuevo, ya que la tabla sólo puede tener una clave principal.

Aun así, se pueden seleccionar dos o más campos y activar la clave principal. Esto tiene como finalidad que el dato clave esté formado por varios campos y será el conjunto de todos ellos el que no se repetirá a lo largo de la tabla.

Para desactivarlo vuelva a pulsar el botón en el campo.

Creación y edición de índices

Aparte de la propiedad **Indexado** de la que ya hemos hablado, Access ofrece una función para modificar los índices ya creados, eliminarlos o añadir más. Se trata del botón **Índices** del grupo **Mostrar u ocultar** de la ficha **Diseño** en la cinta de opciones, que ofrece el siguiente cuadro de diálogo:

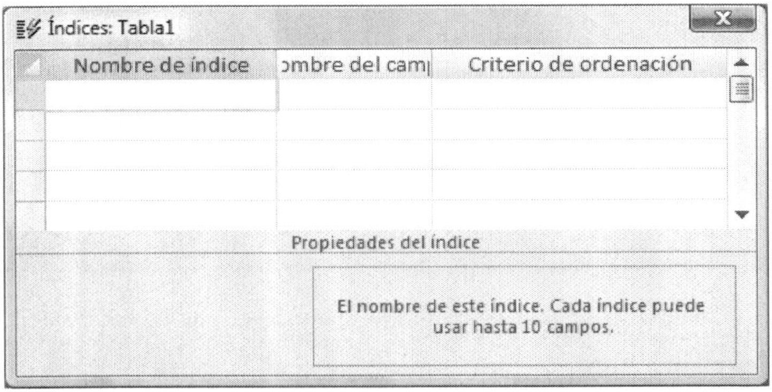

En la columna **Nombre de índice** se teclea el nombre que identificará al índice y en la columna **Nombre del campo** se establecen, en orden, los campos por los que se debe clasificar. Por otra parte, en la columna **Criterio de ordenación** se indica si la colocación de los datos se hará de forma **Ascendente** (de la A a la Z) o **Descendente** (de la Z a la A). Un ejemplo de ordenación por apellidos y nombre:

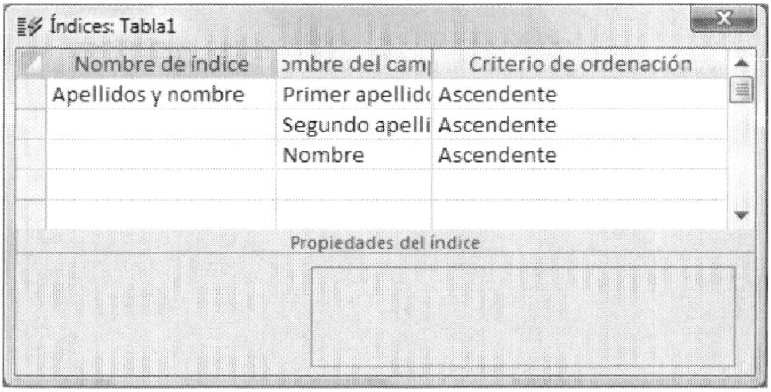

1. El índice se llama **Apellidos y nombre**.

2. Se ordena inicialmente según los primeros apellidos y, si se repite alguno, se utilizará el segundo apellido para la ordenación. Igualmente, si ambos apellidos se repiten, Access utilizará el campo **Nombre** para clasificarlos. Obsérvese que para los campos **Segundo apellido** y **Nombre** no se asigna nombre, puesto que, de lo contrario, se estarían creando tres índices y no uno sólo.

3. Todos los índices creados en la figura anterior ordenan ascendentemente, es decir, de la A a la Z.

Para eliminar un índice se selecciona el botón a la izquierda de su nombre y se pulsa la tecla **SUPR** (siempre en el cuadro de diálogo anterior).

ABRIR TABLAS: AÑADIR Y MODIFICAR REGISTROS

Una vez que hemos definido una tabla, se puede rellenar con datos. Ésta es una de las funciones fundamentales para cualquier tabla o base de datos, si bien, es también la más pesada.

En Access se accede a una tabla desde el panel de exploración. Se despliega su menú, se elige **Tablas** y se hace doble clic en una de la lista.

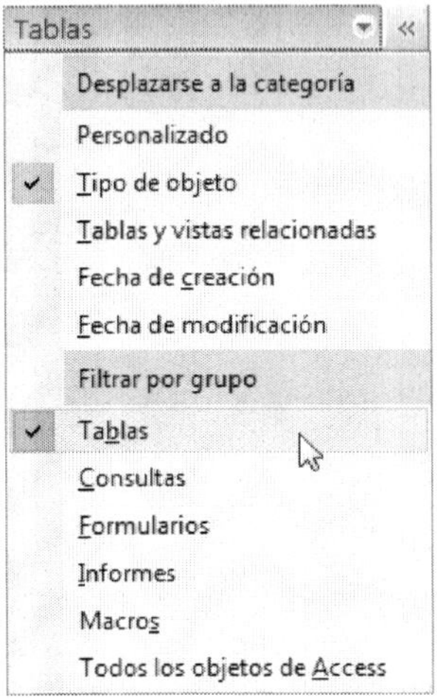

Se selecciona **Tablas** *en el menú*

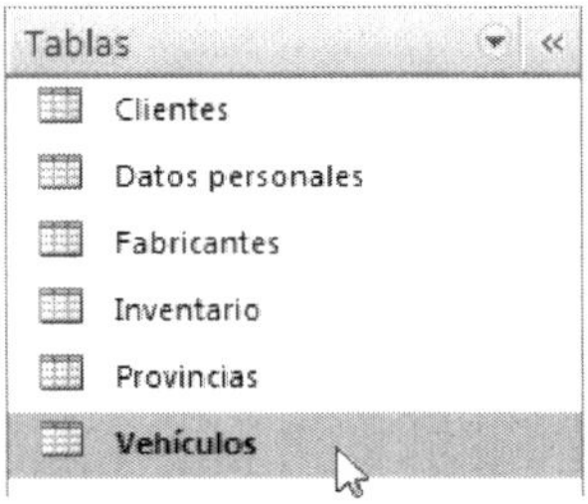

...y se hace doble clic en la tabla

Se obtiene una ventana con la tabla lista para recibir información:

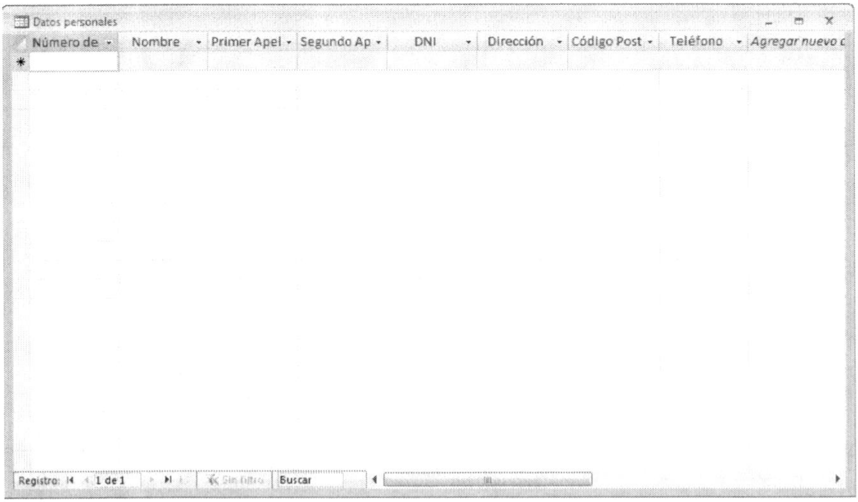

En las celdas que van apareciendo por filas (registros) iremos escribiendo los datos.

Si se va a abrir la tabla para modificar sus campos y no su información, se hace clic con el botón derecho del ratón en el nombre de la tabla dentro del panel de exploración y se selecciona **Vista Diseño**. Al hacerlo se obtiene la misma ventana con la que se creó la tabla y existen las mismas posibilidades para modificarla.

Edición de datos en las tablas

Cuando se va a rellenar una tabla con información existen distintas técnicas que aplicar:

1. La tabla debe rellenarse por filas (registros), sobre todo si entre los campos hay alguno que sea requerido ya que, en ese caso, no se permitirá acceder a otro registro hasta haber completado el contenido de esos obligatorios.

2. Si se trata de un texto, se escribe sin más, al igual que los números, si bien estos últimos aparecen colocados a la derecha de cada celda, mientras que el texto lo hace a la izquierda. Sin embargo, si en una celda ya existe un dato y se llega a él desde el anterior con la tecla del **TABULADOR**, será necesario pulsar **F2** para modificar el dato sin tener que escribirlo de nuevo (también es posible hacer clic en el dato).

3. En el caso concreto de los valores numéricos, no es necesario teclear elementos que acompañen a la cifra (como puntos separadores de millares o símbolos monetarios).

4. Si se trata de una casilla para un campo de tipo **Sí/No**, se puede activar y desactivar con el ratón, o bien con la barra de espacio.

5. Si se trata de una fecha, se debe escribir en formato numérico: 29/05/2007. Access no nos permite escribir fechas incorrectas.

6. Si el campo tiene un formato asociado, no se observa su efecto hasta que se accede al siguiente campo.

7. Si el campo tiene una máscara de entrada asociada, ésta tendrá el control sobre lo que se escribe y puede ocurrir que al teclear un carácter este no se refleje en la escritura por ser inesperado (se esperaba otro tipo de carácter, como un número o una letra). En los caracteres opcionales se utiliza la barra espaciadora para dejarlos vacíos. Debe tenerse una precaución especial en los campos que, además de contener una máscara, también contengan una regla de validación, ya que no se podrá acceder a otro campo si una función invalida la otra.

8. Los hipervínculos cambian de color de texto al azul y se subrayan automáticamente en cuanto se pasa al siguiente campo. Cuando se ven así, sólo hay que hacer clic en ellos para acceder a su contenido.

9. Los datos para los objetos OLE se incorporan con el botón **Pegar** de la ficha **Inicio** (habiendo copiado o cortado antes la información). También se pueden añadir haciendo clic con el botón derecho del ratón en el dato y seleccionando **Insertar objeto**. Gracias a esta opción, se puede colocar como dato para un objeto OLE el contenido de un archivo del disco, o bien, un nuevo dato diseñado en ese momento con otra aplicación. En ocasiones esta operación no funciona bien con algunas imágenes y, para evitarlo, podemos realizar el trabajo desde un formulario (más adelante veremos cómo crear uno desde el que se pueden incorporar esas imágenes sin problemas).

10. En los campos de tipo autonumérico no se puede escribir valor alguno y su contenido automático no aparece hasta que se empieza a teclear información en otro campo del mismo registro. Si se elimina un registro que contenga un campo autonumérico el número que contenga no se volverá a utilizar cuando se añada un nuevo registro.

11. Si es necesario abandonar la edición de un registro por alguno de los problemas anteriores u otros diferentes, se puede pulsar la tecla **ESC** (incluso dos veces).

12. Al terminar de escribir un registro se pulsa la tecla **TABULADOR** o **INTRO** para pasar a rellenar el siguiente.

Si algún dato es incorrecto, Access lo indicará mediante un mensaje cuando intentemos pasar al siguiente campo para continuar escribiendo datos. Por ejemplo, si tecleamos texto con letras o símbolos (guiones, comas, espacios, etc.) en una celda perteneciente a un campo numérico, obtendremos un error como el siguiente:

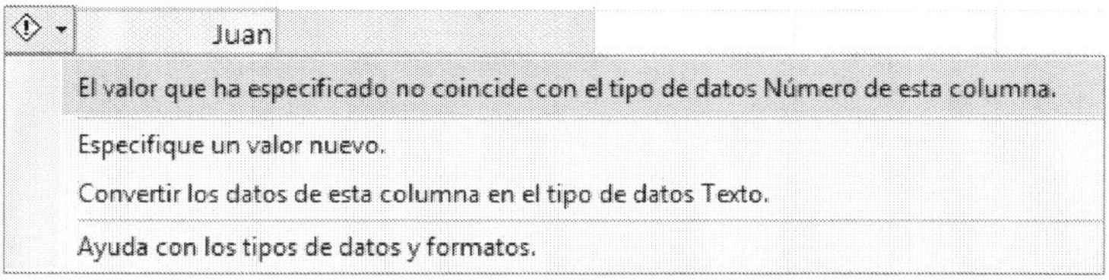

Otro ejemplo, si ha asignado la propiedad **Requerido** a un campo, no se podrá dejar vacío y si así lo hacemos obtendremos otro error:

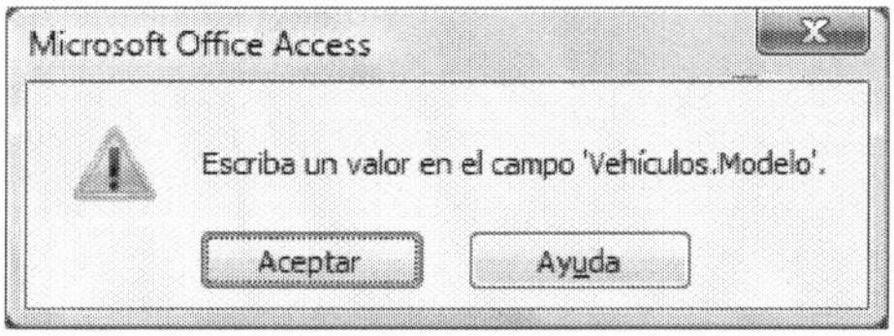

Un ejemplo más, si tiene un campo clave —o con la propiedad **Indexado Sí (sin duplicados)**— e intenta escribir un dato idéntico a otro que ya haya tecleado en el mismo campo antes, obtendrá el siguiente error:

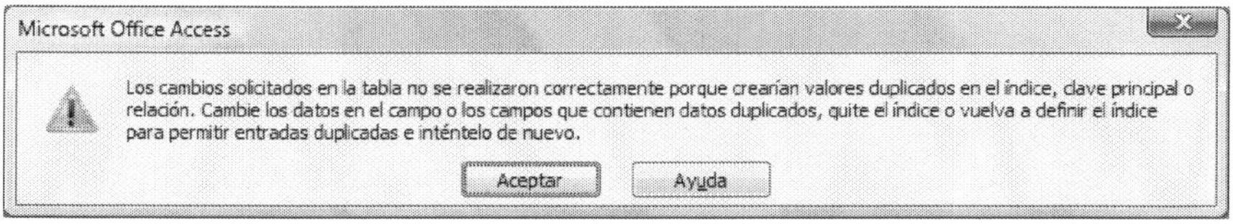

DESPLAZARSE A TRAVÉS DE LA TABLA

En la parte inferior de la ventana existe un indicador de nuestra posición actual en la tabla junto a unos botones que nos permiten desplazarnos por sus registros: 

1. En el cuadro de texto (en nuestro ejemplo se ve *6 de 10*) podemos teclear el número de aquel al que queremos acceder y pulsar **INTRO**. Si tecleamos un valor mayor que el del número total de registros, no podremos acceder a él y nos avisará mediante un cuadro de error.

2. El botón nos lleva al primer registro.

3. El botón nos lleva al registro anterior.

4. El botón nos lleva al registro posterior.

5. El botón nos lleva al último registro.

6. El botón nos lleva al registro vacío del final de la tabla, que está listo para ser rellenado.

ELIMINAR REGISTROS

Existen varias formas de eliminar un registro, aunque lo primero siempre es situarse en aquel que vamos a borrar, para lo cual, utilizaremos los botones , , y .

Al ver el registro que se desea borrar, se hace clic en su cabecera.

Se hace clic...

... y queda seleccionado

Pueden eliminarse varios registros a la vez seleccionándolos antes si están juntos. Basta con pulsar sobre la cabecera del primero que se desea marcar y, sin soltar el botón del ratón, arrastrarlo hasta llegar al último.

Luego bastará con pulsar la tecla **Supr** o el botón Eliminar del grupo **Registros** en la ficha **Inicio** de la cinta de opciones. Antes de eliminar el registro, Access pedirá confirmación para el borrado mediante un cuadro de diálogo.

RELACIONES ENTRE TABLAS

Una de las herramientas más útiles que ofrecen los sistemas de bases de datos relacionales son las relaciones entre tablas (de ahí el nombre de dichos sistemas).

Dos tablas de una base de datos pueden tener un campo común (incluso más de uno), lo que facilita la relación entre ellas.

Las relaciones amplían las posibilidades de realizar consultas más complejas puesto que permiten localizar datos de una tabla aun cuando sólo se conoce información de otra.

Tipos de relaciones

En terminología de bases de datos dos tablas pueden estar relacionadas con diferente **correspondencia de cardinalidad**: el número de valores de una tabla relacionados con otra.

Hay tres tipos de relaciones o grados de correspondencia:

1. 1:1 (léase uno a uno). En este caso, por cada registro de una tabla cuyo campo relacionado contenga un dato único, encontramos sólo otro registro en la tabla relacionada con el mismo dato único. Haciendo un símil familiar, la relación entre cónyuges es 1:1, por cada marido hay sólo una mujer y viceversa.

2. 1:N (léase uno a ene). En este caso, por cada registro de una tabla cuyo campo relacionado contenga un dato único, podemos encontrar más de un registro en la tabla relacionada con el mismo dato. Haciendo un símil familiar, la relación entre padre (o madre) e hijos es 1:N, ya que por cada padre puede haber varios hijos.

3. N:N (léase ene a ene). En este caso, por cada registro de una tabla cuyo campo relacionado contenga un dato (no necesariamente único), podemos encontrar más de un registro en la tabla relacionada con el mismo dato. Haciendo un símil familiar, la relación entre hermanos es N:N, ya que varios hermanos pueden tener otros varios.

La integridad referencial

La integridad referencial es una función automática mediante la que el sistema se asegura de que los datos de dos tablas relacionadas mantienen su coherencia.

Aunque no se puede garantizar que un usuario se equivoque al escribir datos en una tabla, sí que es posible que los datos que escriban no estén fuera de los valores admitidos. Concretamente, cuando se trata de escribir información en el campo relacionado con otra tabla, la idea consiste en que el valor que se escriba sea uno de los valores del campo relacionado en la otra tabla.

Por ejemplo, si tenemos dos tablas de un videoclub (*Películas* y *Socios*) y el campo común relacionado es el *Número de socio* (en *Socios* para identificarlo y en *Películas* para distinguir al socio que la alquila), la integridad referencial se encargará de que, al escribir el número de socio en la tabla *Películas* cuando éste alquile una, el valor que se escriba sea uno de los existentes en la tabla de socios (así no se podrá escribir un número de socio inexistente).

En Access la integridad referencial se establece durante la creación o modificación de relaciones y nos permite, si se activa:

- que se actualicen los campos en cascada, es decir, que si cambia el valor del campo relacionado en la tabla principal, se produzca automáticamente el mismo cambio en los campos de las tablas relacionadas. Un ejemplo, si disponemos de dos tablas relacionadas, *Clientes* y *Pedidos*, relacionadas por el *Número de cliente* (en *Clientes* para identificar al cliente y en *Pedidos* para distinguir al cliente que hace el pedido) y cambiamos dicho número en la tabla de *Clientes*, el sistema cambiaría igualmente y de forma automática el dato en la tabla de *Pedidos*.

- que se eliminen los registros en cascada, es decir, que si se elimina un registro en la tabla relacionada, todos los registros cuyo campo relacionado tenga el mismo dato serán igualmente eliminados. Por ejemplo, si se dispone de las mismas tablas *Clientes* y *Pedidos* y se elimina un cliente en la tabla de *Clientes*, el sistema eliminaría automáticamente los registros de datos de *Pedidos* de ese cliente, al tener el mismo dato como *Número de cliente*.

Creación y edición de relaciones

Tanto la correspondencia de cardinalidad como la integridad referencial son elementos a tener en cuenta durante la creación o modificación de relaciones entre tablas, funciones a las que se accede mediante el botón **Relaciones** que se puede encontrar en el grupo **Mostrar u ocultar** de la ficha **Herramientas de base de datos** en la cinta de opciones. Se obtiene lo siguiente:

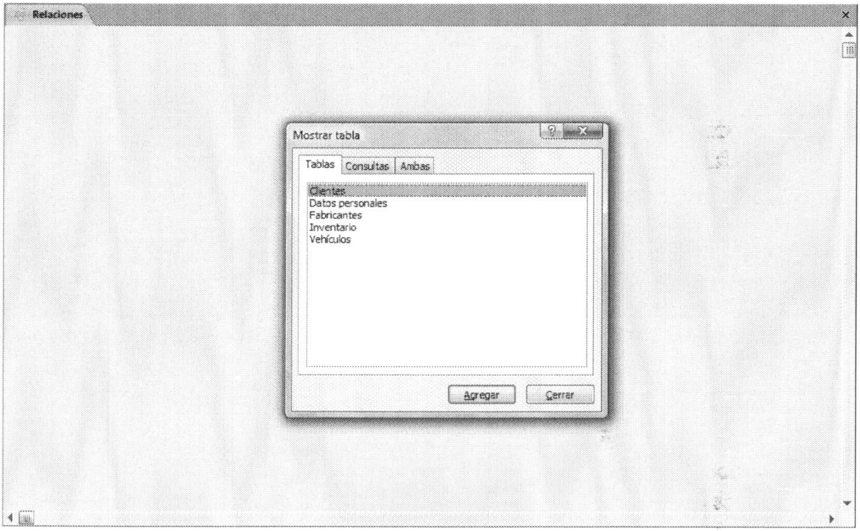

Este cuadro de diálogo permite indicar qué tablas o consultas se van a relacionar.

1. En la ficha **Tablas**, aparecen únicamente las tablas de la base de datos.

2. En la ficha **Consultas**, aparecen únicamente las consultas de la base de datos.

3. En la ficha **Ambas**, aparecen tanto las tablas como las consultas de la base de datos.

4. El botón 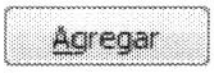 añade a la ventana de *Relaciones* las tablas o consultas que previamente se hayan seleccionado y cierra el cuadro de diálogo:

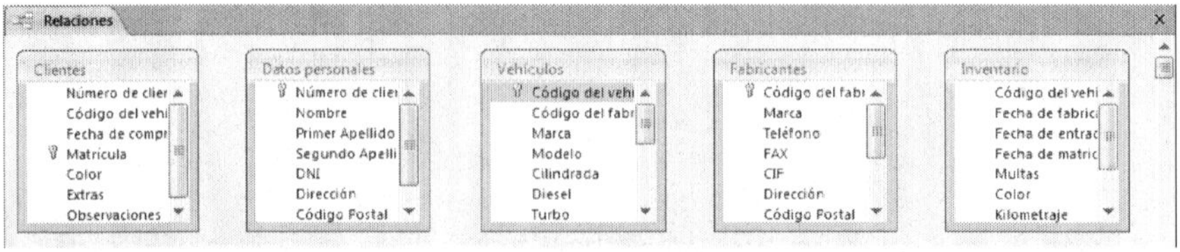

Debe apreciarse que la clave principal de cada tabla es el campo que muestra el icono de una pequeña llave a su derecha.

Para mover una tabla, haga clic en su barra de título y, sin soltar el botón del ratón, arrástrela hasta colocarla en el lugar deseado.

Es aconsejable que, mientras sea posible, se amplíe el tamaño de cada ventanita de las tablas hasta que se distingan bien todos sus campos, ya que resultará más fácil manejarlos.

Si se necesitan añadir más tablas o consultas al panel, se pulsa el botón **Mostrar tabla** del grupo **Relaciones** en la cinta de opciones.

Si necesita eliminar una tabla (por ejemplo, porque aparezca dos veces y sólo necesite una), haga clic en ella y pulse el botón **Ocultar tabla** del grupo **Relaciones** en la cinta de opciones.

Para crear una relación entre campos de tablas distintas, se hace clic en un campo de una de las tablas y, sin soltar el botón del ratón, se arrastra hasta el campo de otra tabla con el que se desea efectuar la relación.

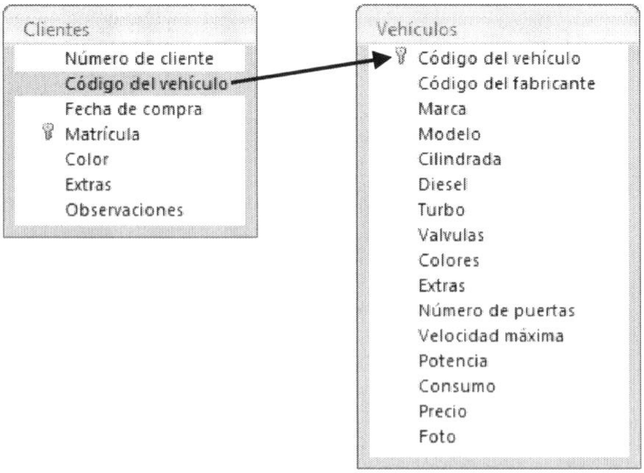

Para decidir qué campos se van a relacionar no es necesario que ambos se llamen igual, sino que resultará imprescindible que contengan datos iguales.

Al efectuar la relación arrastrando el campo de una tabla a otra, se obtiene un cuadro de diálogo:

- En la lista **Tabla o consulta** se ve la tabla o la consulta cuyo campo se eligió para la relación.

- En la lista **Tabla o consulta relacionada** se ve la tabla cuyo campo se eligió para relacionar.

- Las casillas **Exigir integridad referencial**, **Actualizar en cascada los campos relacionados** y **Eliminar en cascada los registros relacionados** permiten controlar la integridad referencial.

- El dato **Tipo de relación** mostrará la correspondencia de cardinalidad entre ambos campos de las tablas: **Uno a varios** (1:N), **Uno a uno** (1:1) o **Indeterminado** (N:N).

- Con el botón [Tipo de combinación..] se establece la clase de relación que habrá entre los campos relacionados de ambas tablas. Por ejemplo, puede definirse la relación sólo cuando los datos de un campo coincidan con los de su campo relacionado en la otra tabla.

- Una vez que se hayan establecido todos los datos necesarios, se pulsa el botón 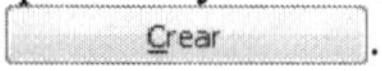

.

La ventana de **Relaciones** muestra entonces una línea que une los campos que están relacionados:

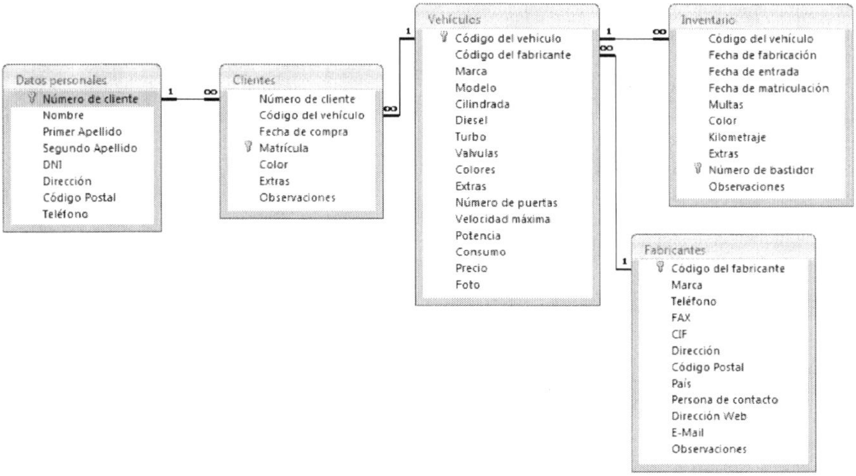

Si se necesita modificar una relación se hace doble clic en la línea que une los campos de dicha relación (o se hace clic en la línea para seleccionarla —con lo que aparecerá más gruesa— y se pulsa el botón **Modificar relaciones** del grupo **Herramientas** en la cinta de opciones). En ese caso, aparecerá el mismo cuadro de diálogo que se utilizó para crear la relación, aunque con datos ya establecidos.

Si lo que se necesita es borrar una relación entre dos campos, se hace clic en la línea que los une y se pulsa la tecla **SUPR**. Access solicitará confirmación antes de borrar la relación definitivamente.

Cuando se acaban de crear o modificar las relaciones se cierra la ventana, ante lo cual, Access le preguntará si se desean grabar las relaciones mediante un cuadro de diálogo en el que deberemos responder afirmativamente.

EJERCICIOS

I) Creación de una base de datos

1. Entre en Access.

2. En el panel central haga clic en el icono **Base de datos en blanco**.

3. En el panel derecho deberá escribir *Automóviles* como **Nombre de archivo** para la nueva base de datos y pulsar el botón 

.

II) Creación de tablas

1. Abra la base de datos *Automóviles* que creó en el ejercicio anterior.

2. Utilizando el panel de exploración crearemos cuatro tablas en modo **Diseño de tabla** que puede encontrar en el grupo **Tablas** de la ficha **Crear** en la cinta de opciones.

Aclaraciones:

- Hemos escrito entre paréntesis los tipos de los campos para que le resulte más fácil la creación de estas primeras tablas; sin embargo, piense que en cada tabla que tenga que crear por su cuenta deberá decidir el tipo de campo adecuado para cada uno.

- Establezca las propiedades de cada campo según desee, no obstante es muy interesante que las defina lo más perfectamente posible, ya que de ello dependerá que las tablas tengan un mayor o menor rendimiento. Por ejemplo, no debe establecerse un tamaño excesivo para los campos de tipo texto, ya que entonces la tabla ocuparía mucho espacio en el disco. Además, algunos campos como el DNI o el número de bastidor son datos indispensables (**Requerido = Sí**) y pueden ser únicos para cada caso (por lo que serán la clave de cada tabla, activable mediante el botón **Clave principal**).

- Tenga en cuenta que hemos establecido que todos los códigos de la base de datos estarán formados por números exclusivamente, lo que nos permitirá utilizar el tipo **Autonumérico** para que sea Access el que vaya asignando cada código. Si desea que sus códigos contengan otros caracteres tales como letras, deberá utilizar, naturalmente, el tipo **Texto**.

3. He aquí las tablas con los nombres que deberá crear:

   a. Tabla *Vehículos*. Contendrá los datos de los vehículos disponibles en nuestro concesionario. Deberá contener los siguientes campos:

      - *Código de vehículo* (Número: Entero largo –o Autonumérico si desea que Access dé un código a cada nuevo vehículo–). Este campo es la clave de la tabla.
      - *Código del fabricante* (Número: Entero largo).
      - *Marca* (Texto). A este campo puede asignarle como **Valor predeterminado** una marca de automóviles.
      - *Gama* (Texto).
      - *Modelo* (Texto).
      - *Cilindrada* (Número: Entero). A este campo puede asignarle como **Regla de validación** la condición *>500 y <6000* para que no se puedan teclear valores que se encuentren fuera de ese rango. Así mismo, puede establecer un **Texto de validación** que indique al usuario que no puede escribir valores diferentes.
      - *Diesel* (Sí/No).
      - *Turbo* (Sí/No).
      - *Válvulas* (Número: Byte). A este campo puede añadirle como **Título** el dato *Número de válvulas*.

- *Colores* (Memo). Se trata de la lista completa de colores del vehículo. En un caso más real, intentaríamos colocar una fotografía que reúna varias con los distintos colores del vehículo.

- *Extras* (Memo).

- *Número de puertas* (Número: Byte). A este campo puede añadirle una **Regla de validación** como la siguiente: *>=3 y <=5*. Con ello conseguirá que el usuario no pueda elegir un número de puertas erróneo.

- *Velocidad máxima* (Número: Entero).

- *Potencia* (Número: Entero).

- *Consumo* (Número: Simple).

- *Precio* (Moneda). Seleccione un **Formato** con la moneda que desee.

- *Foto* (Objeto OLE).

b. Tabla *Clientes*. Contendrá los datos de los vehículos que hayan adquirido nuestros clientes. También contendrá un campo que relacione esta tabla con la de *Datos de clientes* que contendrá información personal de los clientes. Deberá contener los campos:

- *Número de cliente* (Número: Entero largo; o Autonumérico). Este campo no es la clave de la tabla debido a que podríamos tener un cliente que adquiera varios vehículos.

- *Código de vehículo* (Número: Entero largo).

- *Fecha de compra* (Fecha/Hora).

- *Matrícula* (Texto). Este campo es la clave de la tabla. Podríamos asignar una **Máscara de entrada** que únicamente permitiese teclear matrículas con datos correctos: *>??\ 0000\ ???* (aunque debido a que el formato de las matrículas cambia, la máscara podría resultar contraproducente).

- *Color* (Texto).
- *Extras* (Memo).
- *Observaciones* (Memo).

c. Tabla *Datos de clientes*. Contendrá los datos personales de los clientes. Deberá contener los siguientes campos:

- *Número de cliente*. (Número: Entero largo; o Autonumérico). Este campo es la clave de la tabla.
- *Nombre* (Texto).
- *Primer apellido* (Texto).
- *Segundo apellido* (Texto).
- *DNI* (Texto). Es de tipo Texto porque lleva una letra, tanto al final para los ciudadanos originarios del país como al principio para los nacionalizados. El **Tamaño** sería de *9* caracteres. Podríamos asignarle un **Título** para que coloque el dato *D.N.I.* como rótulo que encabece la columna.
- *Dirección* (Texto).
- *Código Postal* (Texto). En este campo podemos asignar una **Máscara de entrada** con el valor *00000* (cinco ceros) debido a que en España los códigos postales son siempre de cinco números.
- *Teléfono* (Número: Entero Largo). Se puede asignar una **Máscara de entrada** que permita teclear al usuario números solamente: *999999999* (en este ejemplo todas las cifras son no obligatorias).

d. Tabla *Fabricantes*. Deberá contener los siguientes campos:

- *Código del fabricante* (Número: Entero largo; o Autonumérico). Este campo es la clave de la tabla.

- *Marca* (Texto).

- *Teléfono* (Número: Simple). Asignamos el tipo **Simple** por si se añadieran fabricantes extranjeros en cuyo caso deberíamos añadir el prefijo internacional y el código del país. Para que el número de teléfono se pueda escribir más cómodamente y no aparezca abreviado en un informe (por ejemplo) estableceremos el **Formato Fijo**.

- *Fax* (Número: Simple). Como el número de fax es del mismo tipo que un número de teléfono establecemos las mismas propiedades que en el campo anterior.

- *CIF* (Texto). Se puede aplicar una **Máscara de entrada** a este dato: *>L\-00000000*. Con él nos aseguramos de que en primer lugar se teclea una letra y luego varias cifras. Podríamos asignarle un **Título** para que coloque el dato *C.I.F.* como rótulo que encabece la columna.

- *Dirección* (Texto).

- *Código Postal* (Texto). En este caso no aplicamos una **Máscara de entrada** por si el código postal es de un país extranjero y no encaja con los del nuestro.

- *País* (Texto).

- *Persona de contacto* (Texto).

- *Dirección Web* (Hipervínculo).

- *E-Mail* (Texto o Hipervínculo).

- *Observaciones* (Texto).

e. Tabla *Inventario*. Contendrá información de los vehículos de que disponemos en nuestro almacén. Deberá contener los siguientes campos (tenga presente que ciertos datos existen debido a que podríamos disponer de vehículos de segunda mano):

- *Código del vehículo* (Número: Entero Largo). Este campo no es clave debido a que podríamos tener en el almacén varios vehículos iguales (con el mismo código) aunque difieran en cosas triviales como el color.

- *Fecha de fabricación* (Fecha/Hora).

- *Fecha de entrada* (Fecha/Hora).

- *Fecha de matriculación* (Fecha/Hora).

- *Multas* (Moneda). Este dato podría no añadirse debido a que actualmente un vehículo no puede venderse si antes no se pagan las multas que tenga asociadas en Tráfico.

- *Color* (Texto).

- *Kilometraje* (Número: Entero Largo).

- *Extras* (Memo).

- *Número de bastidor* (Texto). Este es el campo clave de la tabla: no existen dos o más vehículos con el mismo número de bastidor. Este campo es la clave de la tabla.

- *Matrícula*. Este campo lo añadimos por si el vehículo es de segunda mano. Observe que, aunque no es posible que se repitan las matrículas de los coches, este dato no es clave, ya que existirán registros en los que la matrícula esté vacía, debido a que se trata de vehículos nuevos y que, por tanto, aún no estén matriculados.

- *Observaciones* (Memo).

Detalles:

1. Los datos de los clientes los ofrecemos separados en dos tablas (*Clientes* y *Datos de clientes*) para evitar duplicar información que ocuparía espacio en el disco innecesariamente.

2. La base de datos podría contener más datos (o menos) repartidos en otras tablas dependiendo de cada caso concreto: la mayor parte de los concesionarios no podrán emplear al 100% la base de datos que estamos diseñando y tendrían que hacer modificaciones que se adaptaran mejor a su negocio. Por tanto, tenga presente que la base de datos que va a diseñar es únicamente un ejemplo práctico.

3. Tenga en cuenta que las máscaras de entrada permiten controlar posibles fallos que el operador de datos cometa al teclear, pero sólo hasta cierto punto. Por ejemplo, en una matrícula limitamos los datos que éste podrá teclear, pero no podremos controlar si se equivoca tecleando las letras o números en su lugar correcto.

III) Creación de índices

1. Entre en las cuatro tablas que acaba de crear y añádales los siguientes índices (recuerde que debe cambiarlos pulsando el botón derecho del ratón en la tabla en el panel de exploración y seleccionando **Vista Diseño** y que, una vez en él, para acceder a los **Índices** deberá pulsar ese botón de la cinta de opciones):

2. La tabla *Vehículos* deberá ordenarse por *Marca* y *Modelo*.

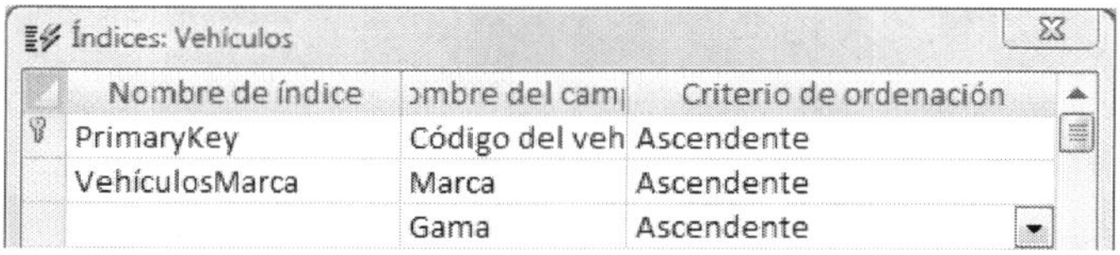

Nombre de índice	ɔmbre del cam|	Criterio de ordenación
PrimaryKey	Código del veh	Ascendente
VehículosMarca	Marca	Ascendente
	Gama	Ascendente

3. La tabla *Datos de clientes* deberá ordenarse por *Apellidos* y *Nombre*.

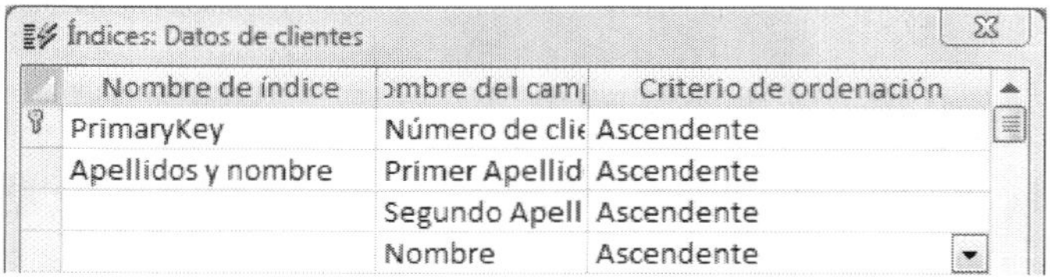

Nombre de índice	ɔmbre del cam|	Criterio de ordenación
PrimaryKey	Número de cli€	Ascendente
Apellidos y nombre	Primer Apellid	Ascendente
	Segundo Apell	Ascendente
	Nombre	Ascendente

4. La tabla *Fabricantes* deberá ordenarse por la *Marca*.

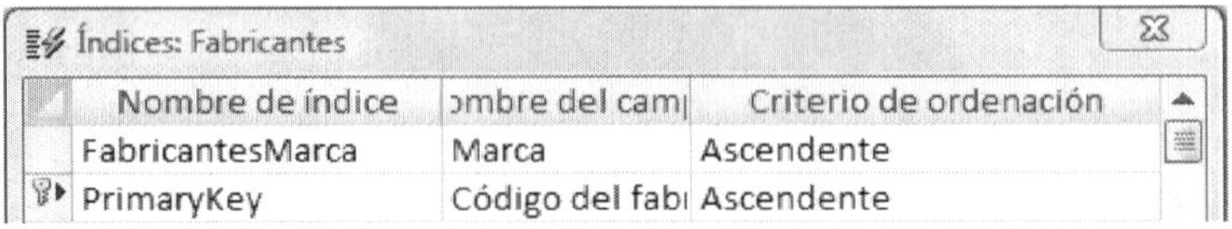
Índices: Fabricantes

Nombre de índice	ɔmbre del cam|	Criterio de ordenación
FabricantesMarca	Marca	Ascendente
PrimaryKey	Código del fabı	Ascendente

5. La tabla *Inventario* deberá ordenarse por la *Fecha de fabricación* y la de *Matriculación*:

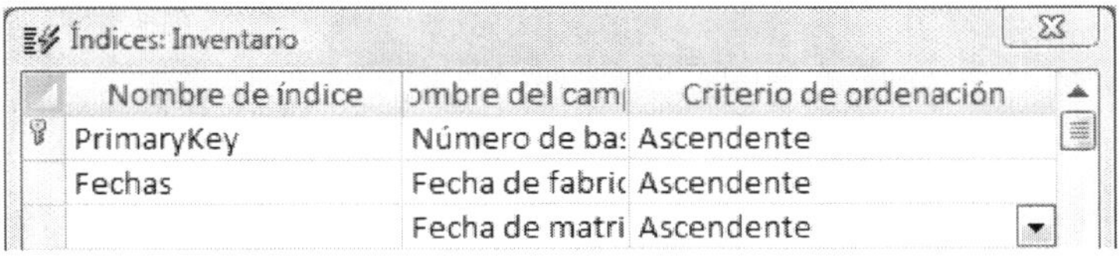
Índices: Inventario

Nombre de índice	ɔmbre del cam|	Criterio de ordenación
PrimaryKey	Número de ba:	Ascendente
Fechas	Fecha de fabric	Ascendente
	Fecha de matri	Ascendente

Tenga en cuenta que si añade campos clave el orden que acaba de establecer aquí con los índices se verá alterado.

IV) Campos clave

1. Ya establecimos en un ejercicio anterior cuáles eran los campos clave, pero vamos a intentar especificar con mayor detalle. Abra las cuatro tablas en modo **Vista Diseño** para añadirle los siguientes campos clave a cada una y, seleccionando el campo adecuado, pulse el botón **Clave principal**.

2. La tabla *Vehículos* tendrá como clave el *Código de vehículo*.

3. La tabla *Datos de clientes* tendrá como clave el *Número del cliente*.

4. La tabla *Fabricantes* tendrá como clave el *Código del fabricante*.

5. La tabla *Inventario* tendrá como clave el *Número de bastidor*.

Recuerde que cuando establezca los campos clave la ordenación de la tabla, según hizo los índices, cambiará.

V) Añadir y borrar registros

Abra las cuatro tablas anteriores y añádales, al menos, veinte registros a cada una con el fin de adquirir práctica en la entrada de datos. Esta parte puede ser muy pesada pero también es necesaria (adquirirá práctica a la hora de añadir archivos, lo cual ampliará su agilidad al manejar Access).

Un detalle: puede encontrar fotografías para los coches en Internet.

Borre algún registro de cada tabla, para practicar esta función, y una vez eliminados restitúyalos por otros.

CAPÍTULO 2

CONSULTAS CON ACCESS

Las consultas se emplean para obtener datos precisos extraídos de las tablas con el fin de conseguir una información concreta. Las tablas representan los datos en bruto y las consultas permiten seleccionar información específica de dichas tablas.

Todo esto se realiza de modo sencillo gracias a que las consultas se realizan siguiendo el sistema de Consulta Mediante Ejemplo (QBE), según el cual, para obtener un resultado, se emplean los mismos datos de la tabla (a modo de ejemplo) para llevar a cabo la consulta.

Por otro lado, las consultas se actualizan automáticamente, de modo que, una vez que se tenga una consulta terminada y guardada en la base de datos, al modificar información en cualquier tabla que afecte a esa consulta, ésta cambiará por sí sola poniéndose al día.

CONSULTAS CON EL ASISTENTE

Como para las tablas, y otros elementos de bases de datos, Access proporciona un asistente para crear consultas.

Para empezar, si se desea crear una consulta nueva se puede pulsar el botón **Asistente para consultas** del grupo **Otros** que se encuentra en la ficha **Crear** de la cinta de opciones. Al pulsar luego el botón 

que aparece en la ventana de base de datos, se nos ofrecerán varias posibilidades dependiendo de si se va a crear la consulta manualmente o si se empleará un asistente:

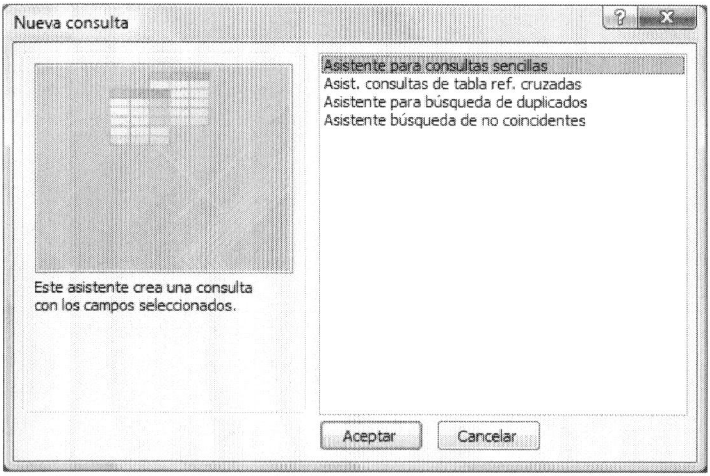

Existen cuatro asistentes para crear consultas, por lo que se debe establecer qué asistente se va a utilizar.

A continuación expondremos el **Asistente para búsqueda de duplicados**. Los demás asistentes funcionan de forma similar y sería recomendable practicar con todos después del que se va a ofrecer aquí como ejemplo. No obstante, el modo más completo para crear una consulta es el modo **Vista Diseño**, con el que se genera una consulta manualmente.

La consulta que se va a exponer como ejemplo tiene como finalidad localizar datos repetidos en una tabla, si los hay. El resultado es una nueva tabla cuyo contenido lo constituyen exclusivamente aquellos registros que se repiten, más un campo especial que añade Access indicando el número de veces que lo hacen.

Al elegir **Asistente para búsqueda de duplicados** se obtiene el primer paso del asistente para la mencionada consulta. Éste es su aspecto:

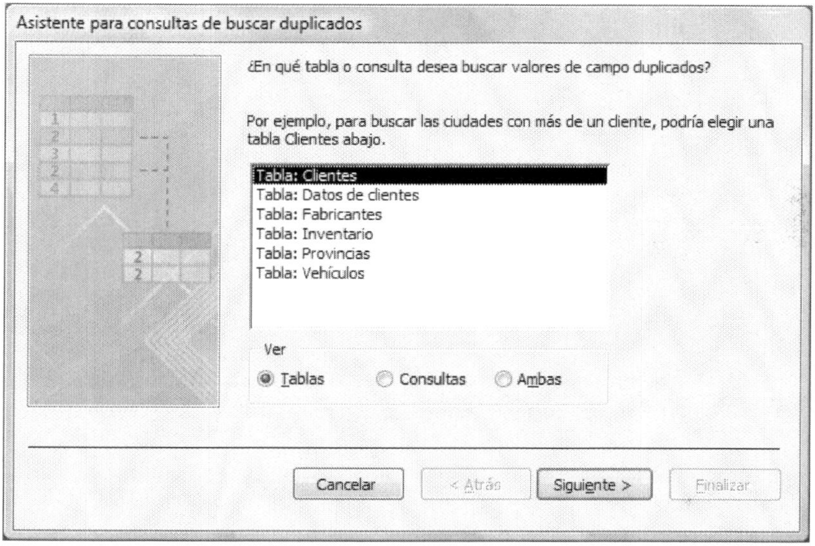

1. La lista del cuadro muestra una relación con todas las tablas y consultas existentes en la base de datos. Ahí se elige una tabla o consulta sobre la que se ejecutará la nueva consulta.

2. Esa lista muestra su contenido según esté activado el botón **Tablas** (que sólo muestra las tablas en la lista), el botón **Consultas** (que únicamente muestra las consultas en la lista), o bien **Ambas** (que muestra tablas y consultas en la lista).

Después de elegir la tabla o consulta, se accede al siguiente paso del asistente en el que se seleccionan los campos de los que se desea saber si están duplicados. Bastará con elegirlos, seleccionándolos y pulsando los botones que hay a su derecha:

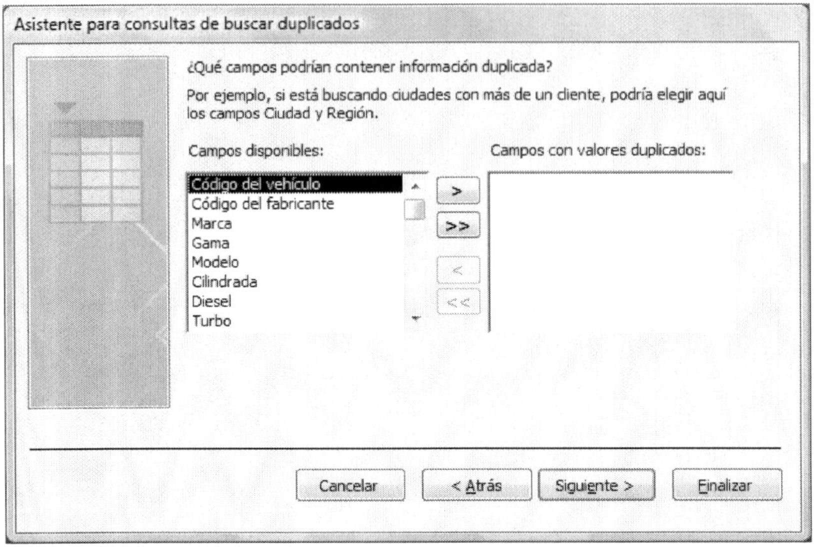

1. >. Añade un campo de la lista de **Campos disponibles** a la lista de **Campos con valores duplicados**.

2. >>. Incorpora todos los **Campos disponibles** a **Campos con valores duplicados**.

3. <. Elimina un campo de la lista de **Campos con valores duplicados**.

4. <<. Elimina todos los campos de la lista de **Campos con valores duplicados**.

Una vez que se han elegido los campos se accede al siguiente paso del asistente, cuyo aspecto puede ver en la página siguiente:

Mediante este paso se indica qué campos aparecerán al terminar la consulta, además, naturalmente, de aquellos que estén duplicados.

- Se hace clic en aquellos campos que se deseen obtener, aparte de los resultados. Pueden usarse estos botones:

1. >. Añade un campo de la lista de **Campos disponibles** a la lista de **Campos de consulta adicional**. Para ello, elija primero el campo

en la lista. Hasta que no añada al menos un campo a este cuadro, no podrá pasar al siguiente paso.

2. [>>]. Este botón incorpora todos los **Campos disponibles** a la lista de **Campos de consulta adicional**.

3. [<]. Elimina un campo de la lista de **Campos de consulta adicional**. Para ello, elija el campo de esta lista que desea eliminar y luego pulse el botón.

4. [<<]. Elimina todos los campos de la lista de **Campos de consulta adicional**.

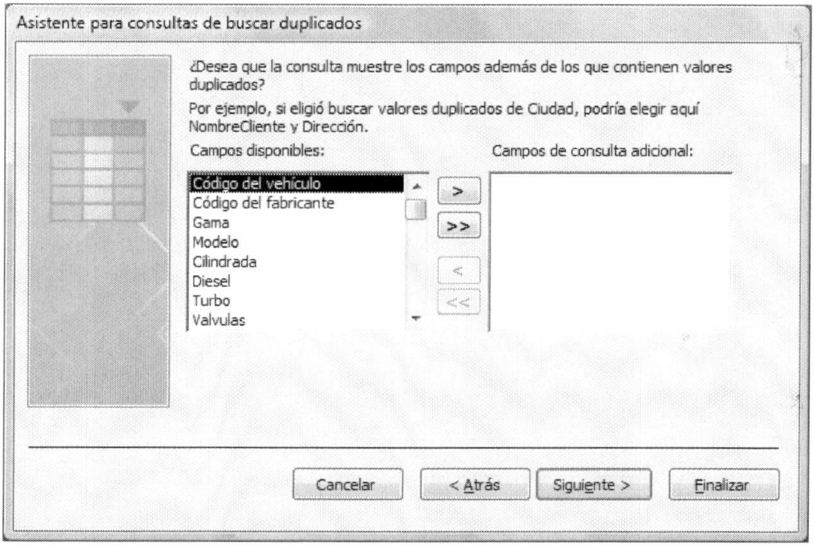

Cuando se han elegido los campos, se accede al último paso del asistente, (puede verlo en la página siguiente):

1. En este último paso del asistente se asigna un nombre a la consulta, para lo que se emplea el campo **¿Qué nombre desea dar a la consulta?**

2. Después, se puede activar el botón **Ver los resultados**, si se desea obtener el resultado en la pantalla en forma de tabla.

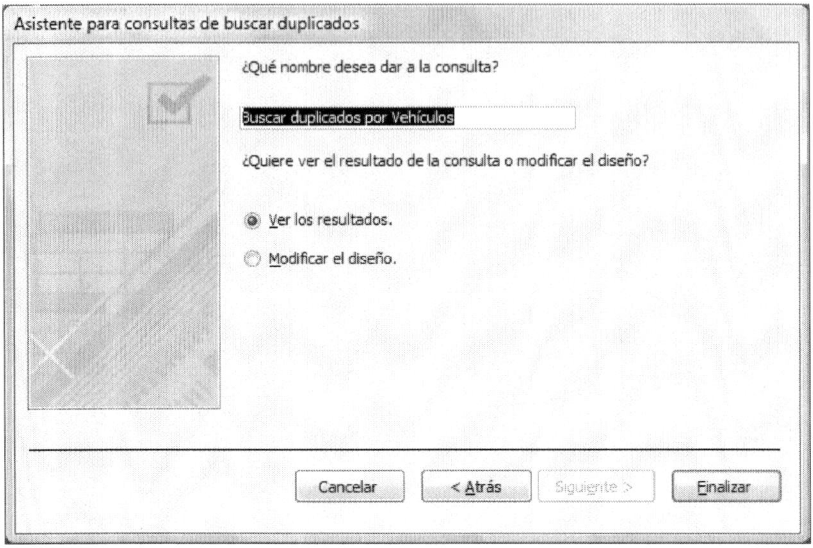

3. También se puede alterar la consulta una vez terminada sin mediación del asistente. Para ello, se activa el botón de opción **Modificar el diseño** antes de finalizar.

CONSULTAS EN MODO *VISTA DISEÑO*

A pesar de la buena intención de los asistentes, no es posible crear cualquier tipo de consulta con ellos, por lo que existe otro modo de crear consultas manualmente utilizando ejemplos. Para ello se pulsa el botón **Diseño de consulta** del grupo **Otros** en la ficha **Crear** de la cinta de opciones.

Al pulsar este botón, Access ofrecerá dos ventanas superpuestas tal y como mostramos en la figura de la página siguiente.

Para crear la consulta, se indica de qué tablas (u otras consultas) se van a extraer los datos, seleccionándolas en la lista y pulsando el botón

según se vayan eligiendo.

Puede seleccionarse más de una tabla para obtener información más completa, si bien, dichas tablas deberán estar relacionadas para que la consulta proporcione datos coherentes.

Un ejemplo. Si se buscan datos relativos a un automóvil (según la figura anterior), se debería seleccionar la tabla *Vehículos* que es donde se podrá encontrar información sobre ellos.

Cuando se han elegido las consultas, se pulsa el botón Cerrar para definir los términos de la consulta. Esto llevará a la tabla que puede verse de fondo en la figura anterior, con las tablas elegidas:

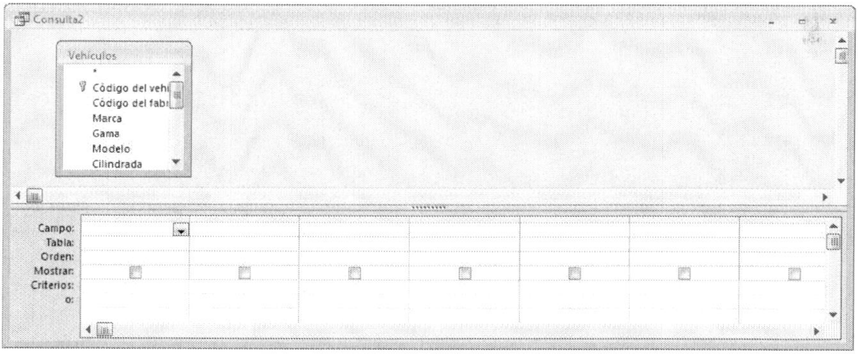

Puede observarse que las tablas elegidas se muestran en una pequeña ventana:

Se hace doble clic en cada campo que se desea que aparezca en la consulta (hay que recordar que cuando se termina, la consulta mostrará ciertos campos, por lo que ahora es el momento de elegir cuáles). Si tienen que aparecer todos los campos, se hace doble clic en el asterisco (*). Cada campo elegido, irá apareciendo en una nueva columna de la parte inferior de la ventana.

Si se dejara la consulta con esos datos, aparecerían todos los registros en el resultado; pero las consultas están pensadas para que el usuario pueda establecer una condición que limite los datos que aparecerán como resultado (personas mayores de edad, las que viven en una determinada ciudad, etc.), filtrando del resultado los datos que no cumplan esa condición.

Un ejemplo. Si en la tabla *Vehículos* hiciésemos doble clic en su asterisco para mostrar todos sus campos en el resultado, la ventana de diseño mostraría lo siguiente:

Como puede observarse en el panel inferior, la lista **Campo** muestra el nombre de la tabla indicando que el resultado debe contener todos sus datos (*Vehículos.**). Si se despliega esa lista, se podrá elegir otro campo en su lugar. Sin embargo, aún falta poner la condición que limitará los datos resultantes extraídos de la tabla. Esta condición se establece en los **Criterios**. Si, por ejemplo, se desea obtener en la consulta un listado de

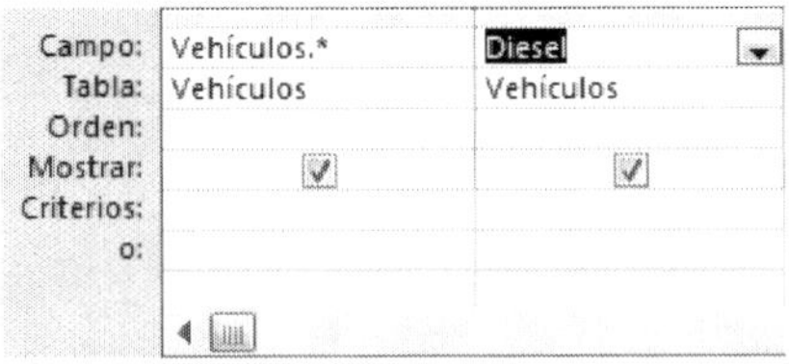

vehículos de motor Diesel, se ha de añadir el campo *Diesel* (ya que es el que contiene la información que interesa), haciendo doble clic en él en la ventanita del panel superior. El campo *Diesel* aparecerá junto a *Vehículos.**.

El campo **Diesel** no debe mostrarse, puesto que al haber seleccionado antes el asterisco (*) ya van a aparecer todos (incluyendo, por tanto, **Diesel**), lo que significa que si ahora también se muestra, aparecerá dos veces. Por tanto, en su columna, se debe desactivar la casilla **Mostrar** para que **Diesel** se vea en el resultado.

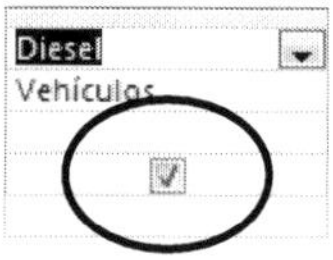

Para terminar, falta indicar la condición, para lo cual, se emplean los **Criterios** de la columna perteneciente a **Diesel**. Puesto que éste es de tipo **Sí/No**, y se desean ver los que sí tengan el motor Diesel, escribiremos **=Sí** (no olvide la tilde para que todo funcione correctamente).

Si el resultado de una consulta debe aparecer ordenado alfabéticamente o numéricamente, emplee la lista desplegable **Orden** (sobre el cuadro **Mostrar**) eligiendo **Ascendente** para que la ordenación se realice de la A a la Z (o de menor a mayor para casos numéricos), o bien, **Descendente**, de la Z a la A (o de mayor a menor).

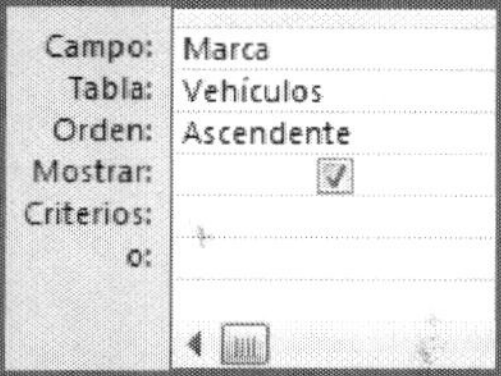

Cuando se termina una consulta, se debe cerrar su ventana. Entonces, Access preguntará si se desea guardarla en la base de datos para volver a emplearla en el futuro. Si se responde afirmativamente, solicitará que se le dé nombre mediante el siguiente cuadro de diálogo:

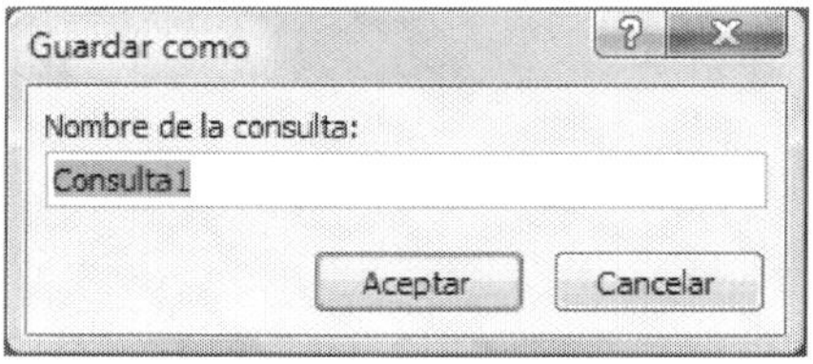

Antes de salir de la consulta, puede ejecutarla para ver su resultado antes de grabarla. Para ello, pulse el botón **Ejecutar** del grupo Resultados en la cinta de opciones. Si así lo hace, podrá volver al modo de edición para seguir trabajando con ella pulsando el botón **Ver** también en la cinta de opciones.

En el ejemplo anterior sobre vehículos Diesel se ha tecleado el dato *Sí* sin más. No obstante, otros tipos de datos no pueden (o mejor dicho no deben) escribirse sin más:

1. Los datos de tipo **Texto**, **Memo** e **Hipervínculo** deben ir entre comillas: 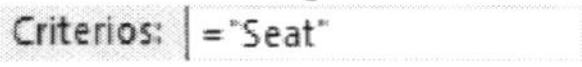

2. Los datos de tipo **Número**, **Autonumérico** y **Moneda** no necesitan nada, pueden teclearse sin más: 

3. Los datos de tipo **Fecha/Hora** deben teclearse entre almohadillas (#): 

4. Los datos de tipo **Sí/No** pueden teclearse sin más pero, en el caso de **Sí**, no olvide teclear la tilde.

5. El tipo **Objeto OLE** no puede emplearse como criterio para realizar consultas.

Aunque lo que acabamos de exponer no es estrictamente necesario, puede haber casos especiales en los que, de no hacerlo, la consulta no funcionará o no lo hará correctamente. Por ejemplo, si en un campo *Apellidos* se busca el dato *Ortega y Gasset* se teclean las comillas forzosamente, puesto que de no hacerlo, Access las añadirá por sí mismo erróneamente: *"Ortega" y "Gasset"* en lugar de *"Ortega y Gasset"*. Esto es debido a que la letra **Y** tiene una función especial en Access como se va a detallar en seguida.

Operadores de comparación

Por otra parte, aunque nosotros hemos utilizado el operador de comparación igual que (=) para la condición de nuestro ejemplo para los vehículos diesel (**=Sí**), pueden utilizarse otros.

Veamos todos:

= (igual que. Véase el ejemplo anterior sobre vehículos diesel)

< (menor que)

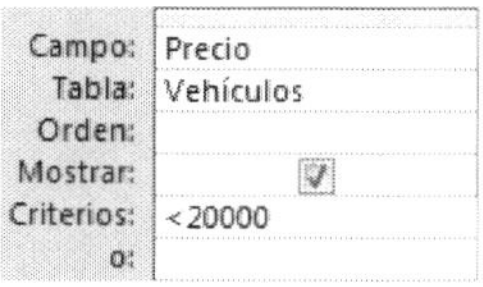

Precio menor que 20.000

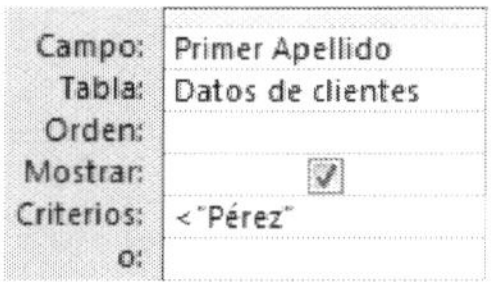

Primeros apellidos que estén alfabéticamente, antes que Pérez

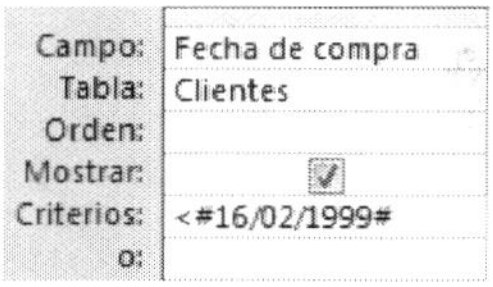

Fecha de compra anterior al 16 de febrero de 1999

> (mayor que)

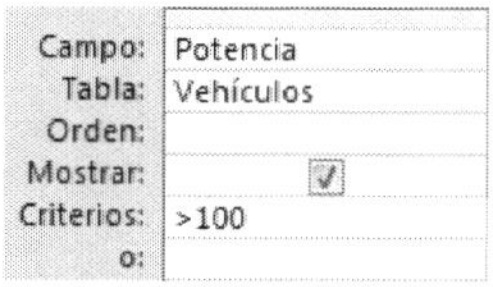

Potencia superior a 100 caballos

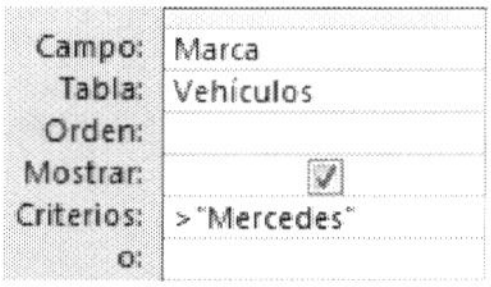

Marcas alfabéticamente, posteriores a Mercedes

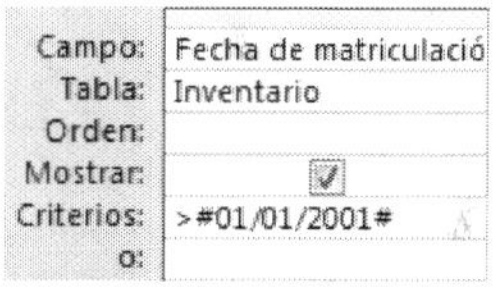

Fecha de matriculación posterior al 1 de enero de 2001

<= (menor o igual que)

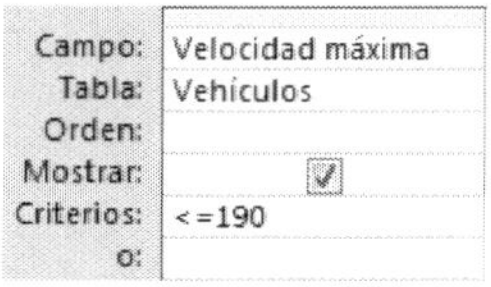

Velocidad máxima hasta 190 (incluidos): menor o igual que 190

>= (mayor o igual que)

Campo:	Fecha de fabricación
Tabla:	Inventario
Orden:	
Mostrar:	☑
Criterios:	>=#01/05/2007#
o:	

Fecha de fabricación a partir del 1 de mayo de 2007 (incluido)

<> (distinto que)

Campo:	Color
Tabla:	Inventario
Orden:	
Mostrar:	☑
Criterios:	< >"Rojo"
o:	

Todos los colores excepto el rojo

Existen otras posibilidades añadidas a los símbolos anteriores:

Es Nulo (buscar datos vacíos)

Campo:	Extras
Tabla:	Inventario
Orden:	
Mostrar:	☑
Criterios:	Es Nulo
o:	

Clientes cuyo vehículo no tenga extras

Es No Nulo (buscar campos que contengan datos con independencia de los que sean)

Campo:	Teléfono
Tabla:	Datos de clientes
Orden:	
Mostrar:	☑
Criterios:	Es No Nulo
o:	

Clientes que tengan teléfono

Como "xxx*" (que comiencen por xxx; sólo para texto, hipervínculo y memo)

Campo:	Marca
Tabla:	Vehículos
Orden:	
Mostrar:	☑
Criterios:	Como "S*"
o:	

Vehículos cuya marca comience por S

Como "*xxx" (que terminen en xxx; sólo para texto, hipervínculo y memo)

Campo:	Primer Apellido
Tabla:	Datos de clientes
Orden:	
Mostrar:	☑
Criterios:	Como "*ez"
o:	

Clientes cuyo primer apellido termine en ez

Como "*xxx*" (que contengan xxx; sólo para texto, hipervínculo y memo)

Campo:	Colores
Tabla:	Vehículos
Orden:	
Mostrar:	☑
Criterios:	Como "*blanco*"
o:	

Vehículos entre cuya gama de colores figure el blanco

Entre (que su valor oscile entre uno de dos datos; sólo funcionará en consultas cuyo criterio incluya datos de los tipos numéricos y de fecha/hora)

Campo:	Precio
Tabla:	Vehículos
Orden:	
Mostrar:	☑
Criterios:	Entre 12000 Y 20000
o:	

Vehículos cuyo precio oscile entre 12.000 y 20.000 €

Campo:	Fecha de fabricación
Tabla:	Inventario
Orden:	
Mostrar:	☑
Criterios:	Entre #01/01/1998# Y Fecha()
o:	

Vehículos que fueron fabricados entre el 1/1/98 y la fecha actual

[Pregunta] (con el fin de que el sistema solicite un dato antes de ejecutar la consulta. Resulta muy práctico para que la consulta se adapte al dato que se solicita, en lugar de ofrecer el resultado basándose siempre en el mismo dato. Este tipo recibe el nombre de **consulta de parámetros**)

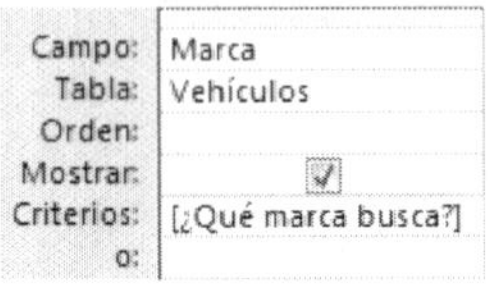

Que nos pregunte la marca antes de ofrecer el resultado

Se pueden crear condiciones más complejas ayudándose de los operadores lógicos **AND** (Y) y **OR** (O). Así podremos generar un criterio basado en dos condiciones o más.

1. Según el operador **AND** (Y), para que la condición general sea cierta, ambas condiciones deberán serlo igualmente. Ejemplo, supongamos que escribimos el siguiente criterio en una consulta para el campo Edad de una tabla que almacene datos de personas:

   >=18 AND <=30

   Así aparecerán las personas cuya edad sea mayor o igual que 18 años y menor o igual a 30, es decir, las que tengan entre 18 y 30 años.

2. Según el operador **OR** (O), para que la condición general sea cierta, basta con que una de las dos condiciones lo sea. Por ejemplo, supongamos que escribimos el siguiente criterio en una consulta para el campo Color de pelo en una tabla que almacene datos de personas:

   =”Rubio” Or =”Castaño”

   Así aparecerán tanto los rubios como los castaños.

Tenga presente que cuando escriba un **OR** en un criterio, Access colocará una de las condiciones en la fila **O**. Esto es normal y no afectará al resultado de la consulta, de hecho, puede ir colocando las condiciones usted mismo en la fila **O** en lugar de teclear **OR** entre ellas.

Por otra parte, algunas versiones de Access permiten teclear estos datos en español: **Y** en lugar de **AND** y **O** en lugar de **OR**.

Delante de los corchetes de una consulta de parámetros se pueden emplear los símbolos que vimos antes (=, <, >, <=, >=, <> y *Como*) para mejorar el resultado de la consulta de parámetros. Por ejemplo, si tecleamos **<>[Escriba la marca]** como criterio para el campo *Marca*, obtendremos una lista de los vehículos de todas las marcas excepto la que tecleemos cuando se nos pregunte.

Recuerde **no** teclear entre los corchetes solamente el mismo nombre del campo o la pregunta no funcionará.

TIPOS DE CONSULTAS

Existen varios tipos de consultas que pueden seleccionarse desde el grupo **Tipo de consulta** de la ficha **Diseño** en la cinta de opciones. Los registros que ofrece la consulta como resultado son siempre los mismos; sin embargo, lo que varía es la acción que Access llevará a cabo con esos datos.

A pesar de tratarse de otros tipos de consultas, siguen estando vigentes las posibilidades de aplicar **Criterios**, clasificaciones por **Orden** y demás funciones ya vistas anteriormente.

1. Consultas de selección (botón **Seleccionar**). Son las del tipo que hemos visto hasta ahora: ofrecen como resultado una lista de registros que coinciden con el criterio de búsqueda.

2. Consultas de creación de tabla (botón **Crear tabla**). Se utiliza para crear una nueva tabla cuyo contenido esté formado por el resultado de la consulta. Al seleccionar este tipo de consultas Access solicita el nombre que tendrá la tabla que se genere. Por lo demás se manipulan igual que las consultas de selección.

3. Consulta de datos anexados (botón **Anexar**). Se utiliza para añadir datos a una tabla automáticamente. Los datos a añadir son los que forman el resultado de la consulta. Al seleccionar este tipo de consultas Access solicita el nombre en la que se van a añadir los datos. Naturalmente la estructura y tipo de los datos a añadir deben coincidir con los de la tabla a los que se agreguen.

4. **Consulta de actualización**. Se utiliza para cambiar datos de una tabla automáticamente según el resultado de una consulta. Un ejemplo, se podría incrementar el valor de los productos de una tabla en un determinado

porcentaje. Para ello, se ofrece una nueva fila en el panel de diseño, **Actualizar a**, en la que se escribe la fórmula cuyo resultado quedará registrado en la tabla. Veamos un ejemplo, si se desea incrementar un 2 por ciento el valor de los precios de los artículos de una tabla crearíamos una consulta con los datos que pueden verse en la figura junto al margen.

Campo:	Precio
Tabla:	Vehículos
Actualizar a:	[Precio]+[Precio]*2/100
Criterios:	
o:	

Como puede apreciarse en dicha figura, al *Precio* (los campos siempre se escriben entre corchetes) se le suma su mismo valor multiplicado por 2 y dividido entre 100.

5. Consultas de tabla de referencias cruzadas (botón **General**). Se utilizan para generar una tabla con dos campos que reúna un cálculo de numéricos de la tabla. Necesita un campo que actúe como cabecera de fila, otro como cabecera de columna y, finalmente, otro numérico con el que operar y mostrar el resultado. Un ejemplo, si en una tabla de vehículos deseamos generar un cuadro que muestre el promedio de cada modelo de vehículo clasificándolos por marcas, deberíamos aplicar lo siguiente:

Campo:	Marca	Modelo	Precio
Tabla:	Vehículos	Vehículos	Vehículos
Total:	Agrupar por	Agrupar por	Promedio
Tab ref cruz:	Encabezado de fila	Encabezado de colum	Valor
Orden:			
Criterios:			
o:			

Como puede apreciarse en la figura anterior, se emplea la *Marca* como **Encabezado de fila**, el *Modelo* como **Encabezado de columna** y el *Precio* como **Valor**, con cuya información se aplica un **Promedio** (la media aritmética). He aquí un ejemplo con el resultado:

Marca	406	A3	Alhambra	Astra	Bravo
Audi		18.030,36 €			
Citroen					
Fiat					11.419,23
Opel				11.419,23 €	
Peugeot	19.232,39 €				
Renault					
Seat			19.232,39 €		
Volkswagen					

6. Consultas de eliminación (botón **Eliminar**). Borra datos de una tabla. Los datos que elimina son los que coincidan con el resultado que genere la consulta.

> Access también ofrece en el mismo grupo los botones  , 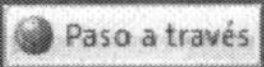 y 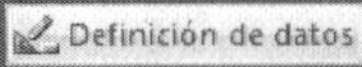 que nos permiten crear otras consultas especiales programando en el lenguaje SQL (*Structured Query Language* = Lenguaje de consulta estructurado). Para poder emplearlas es necesario disponer de conocimientos de dicho lenguaje.

TOTALES

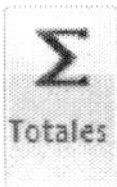

A veces se necesita que Access realice cálculos con datos numéricos de las tablas. Este trabajo resulta sencillo en el modo *Vista diseño* de las consultas. En dicho modo, el grupo **Mostrar u ocultar** ofrece un botón especial para esta tarea: **Totales**. Si se activa, podrá verse una nueva fila de datos en el panel de diseño de la consulta (entre **Tabla** y **Orden**) denominada **Total**.

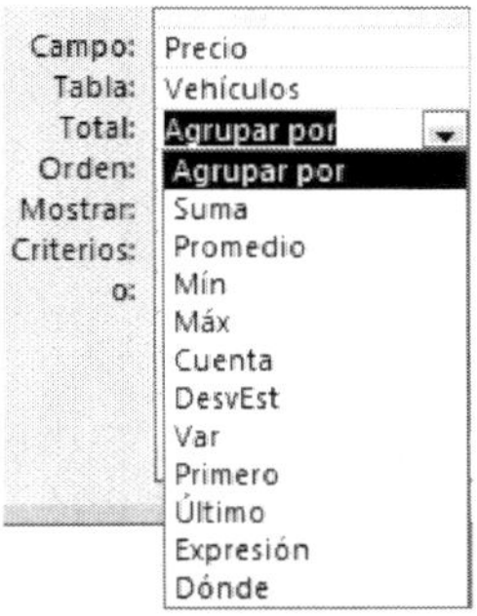

Al desplegar las opciones de su lista se obtiene una relación de posibles operaciones sencillas que podrán aplicarse a los datos de la tabla (*Suma*, media —aquí llamada *Promedio*—, valor más alto —*Máx*—, valor más bajo —*Mín*—, etc.). Tan sólo es necesario seleccionar la operación de la lista que desee.

> Es necesario emplear la lista **Total** en un campo de tipo numérico, ya que Access necesitará ese tipo de valores para poder operar.

CAMPOS CALCULADOS

También es posible realizar cálculos para cada registro de la tabla en lugar de obtener un único resultado aplicado con **Totales**. Para ello, una vez que se han añadido a la consulta los campos que se desean mostrar, se accede a la primera columna libre y se teclea el nombre que mostrará la tabla encabezando la columna como cualquier otro campo. Al nombre le seguirán dos puntos y la fórmula con la que obtener el resultado, teniendo en cuenta que los campos se teclean entre corchetes y que se dispone de los siguientes operadores:

- \+ para sumas. Ejemplo: [Cantidad]+825
- \- para restas. Ejemplo: [Precio]-[Descuento]
- * para multiplicaciones. Ejemplo: [Precio]*0,16
- / para divisiones. Ejemplo: [Precio]/2
- ^ para realizar potencias. Ejemplo: [Distancia]^2
- () paréntesis: para agrupar operaciones. Ejemplo: ([Precio]+[IVA])/2

Al ejecutar la consulta, el resultado se muestra con números sin formato (sin separador de miles, o los símbolos monetarios como €). Para elegir un formato más legible haga clic con el botón derecho del ratón en la expresión de la fórmula. Obtendrá un menú en el que deberá elegir **Propiedades** y que mostrará el panel de tareas a la derecha de la ventana de Access:

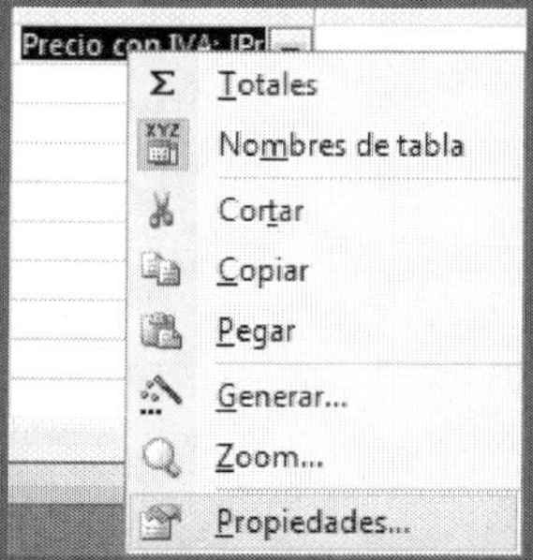

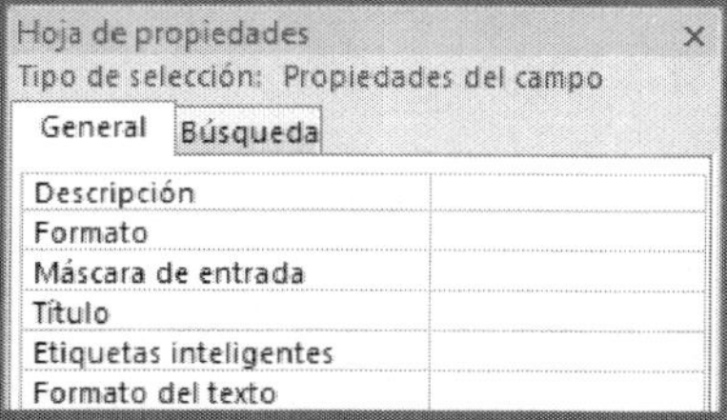

Por ejemplo, despliegue **Formato** para elegir el aspecto numérico de la cifra resultante (como **Moneda** o **Euro**).

Veamos un ejemplo completo. Se trata de una tabla en la que disponemos de un campo denominado **Precio**. Aunque no dispongamos de otro que muestre el IVA (o el precio con IVA) podemos crear nosotros una expresión que calcule estos datos y los muestre en la consulta. Para ello, añadiríamos el campo **Precio** (y todos los que fuesen necesarios) a las columnas de la consulta y en la última columna teclearíamos **Precio con IVA:** (no olvide los dos puntos, ya que esta sintaxis es la que indica a Access que vamos a crear una expresión).

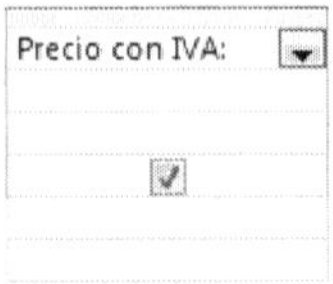

Detrás de los dos puntos tendremos que teclear la fórmula que nos calcule el porcentaje del impuesto IVA añadido al precio en sí del producto, es decir, el precio multiplicado por 16 y dividido por 100 (para calcular el 16%) más el precio (resumido, el precio multiplicado por 1,16). Valdrá cualquiera de las expresiones siguientes:

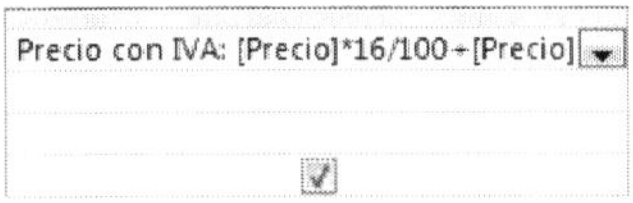

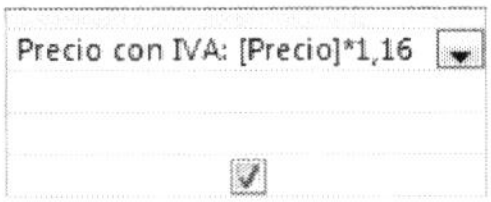

Con esto es suficiente para que la consulta nos muestre como resultado el precio con IVA del producto. Un ejemplo con el resultado:

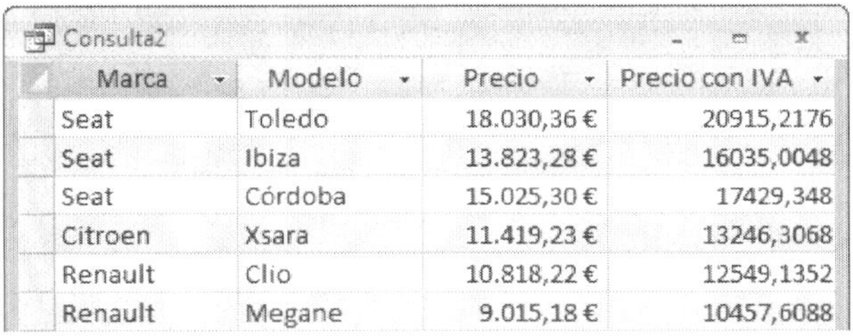

Marca	Modelo	Precio	Precio con IVA
Seat	Toledo	18.030,36 €	20915,2176
Seat	Ibiza	13.823,28 €	16035,0048
Seat	Córdoba	15.025,30 €	17429,348
Citroen	Xsara	11.419,23 €	13246,3068
Renault	Clio	10.818,22 €	12549,1352
Renault	Megane	9.015,18 €	10457,6088

Sin embargo, podemos mejorar este resultado: haga clic en el botón derecho del ratón sobre la expresión que ha escrito y, en el menú que aparezca, elija **Propiedades**.

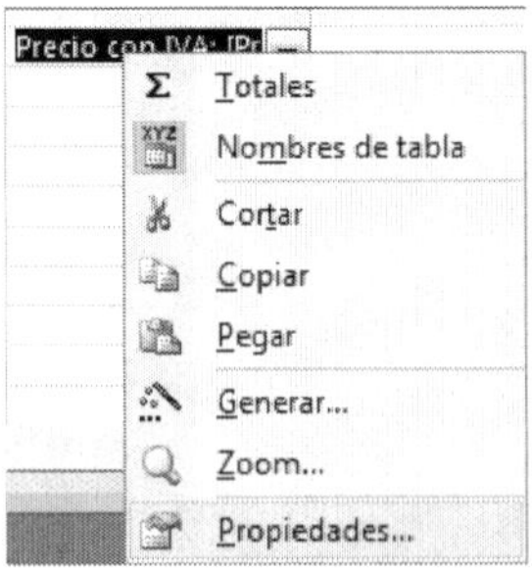

En el panel de tareas, elegimos **Moneda** en la lista desplegable **Formato** (así aparecerá el símbolo € —o el de la moneda que desee— detrás de cada valor en el resultado).

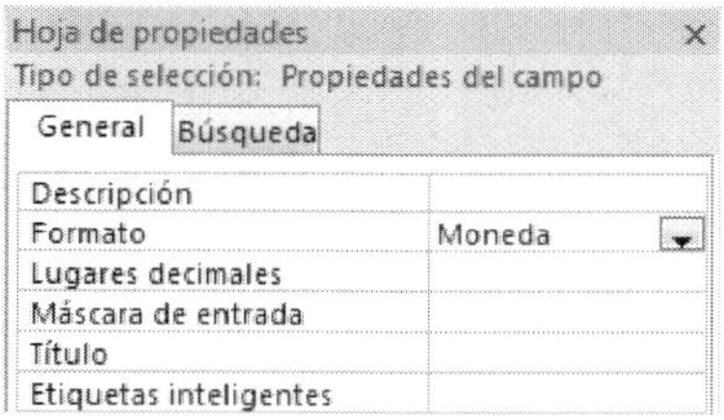

También se puede lograr que sólo aparezcan los valores que cumplan una condición (tecleándola en el criterio). Por ejemplo, que sólo aparezcan registros cuyo **Precio con IVA** oscile entre **15.000** y **20.000**:

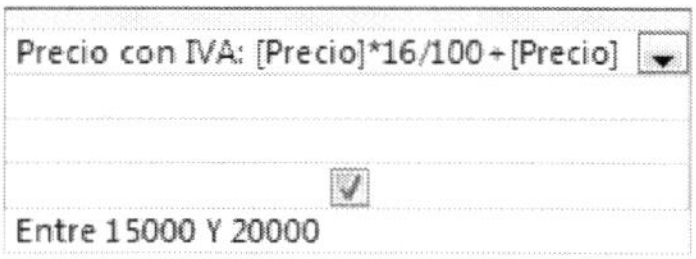

Una última mejora. El IVA es un valor que puede cambiar: si lo desea, puede conseguir que Access le pregunte el porcentaje de IVA antes de mostrar el resultado. Para ello, sustituya el valor 16 que ha tecleado en la expresión por **[IVA]** (no olvide los corchetes).

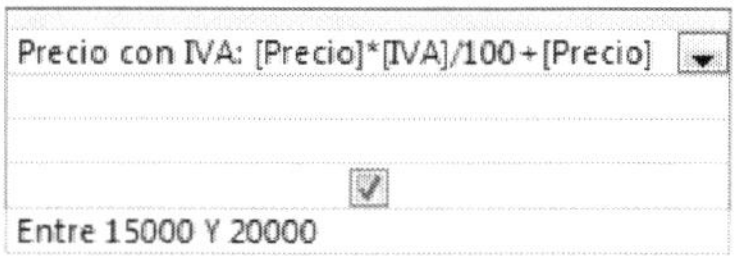

No olvide que lo que escriba entre los corchetes para la pregunta no puede coincidir exactamente con el nombre de otro campo de la tabla. Además, resulta aconsejable que teclee, entre los corchetes, un mensaje lo más aclaratorio posible para evitar que el usuario entienda mal el dato que debe teclear. Por ejemplo:

[Valor del porcentaje de IVA (sin el símbolo %)]

Así, Access preguntará al usuario el valor del IVA antes de ofrecer el resultado tecleando el mensaje más completo entre los corchetes de la pregunta:

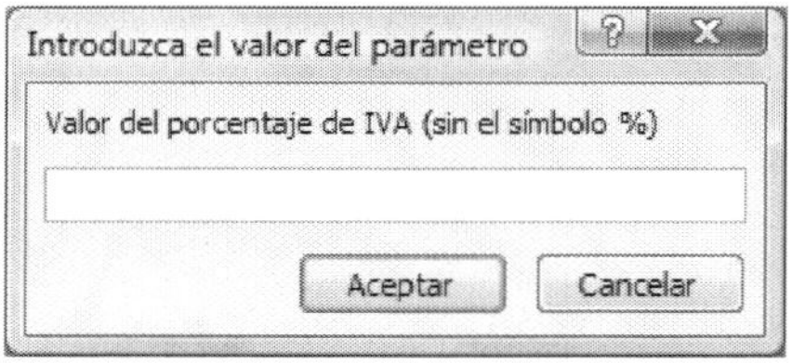

Puede utilizar una expresión como dato para calcular otra. Por ejemplo, si ya ha calculado el valor del IVA de unos productos y desea añadir además otra columna que muestre el precio con IVA, podría añadir una expresión como la siguiente:

Precio con IVA:[Precio]+[IVA]

Siendo **[Precio]** el campo que contenga el valor del importe de los artículos en la tabla e **[IVA]** la expresión anterior que nos calculaba el IVA.

Campo:	IVA: [Precio]*16/100	Precio con IVA: [Precio]+[IVA]
Tabla:		

CONSULTAS CON TABLAS RELACIONADAS

Si las tablas de nuestra base de datos disponen de relaciones, se pueden crear consultas de forma que mediante datos de una tabla podamos obtener datos de otra (que esté relacionada con la primera).

La creación de la nueva consulta se realiza tal y como vimos en el apartado *Consultas en modo Vista Diseño* de este mismo capítulo.

Llegado al paso en el que se deben elegir las tablas que intervendrán en la consulta se selecciona más de una que estén relacionadas (figura junto al margen).

Así, si por ejemplo se seleccionan dos tablas (*Clientes* y *Vehículos*) se obtiene el panel de diseño de consultas en el que ambas tablas aparecen con la relación (la línea que une dos campos). Ahora, se pueden añadir campos de cualquiera de las dos tablas como vimos en el apartado *Consultas en modo Vista Diseño* en este mismo capítulo. También podremos establecer criterios, orden de clasificación, etc., tal y como haríamos en una consulta de las que hemos empleado hasta ahora.

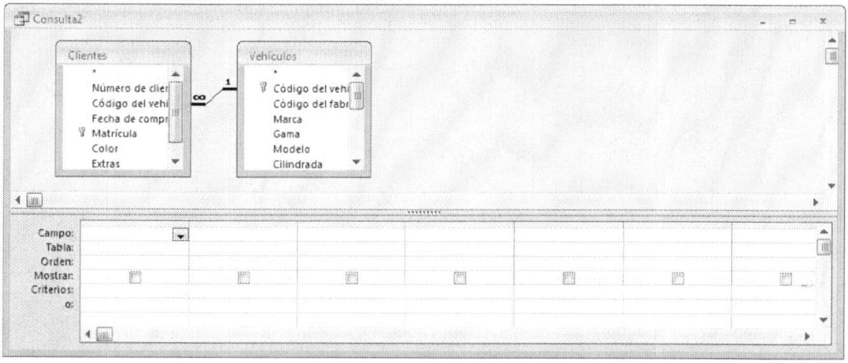

La relación sólo funcionará en la consulta si los datos de las tablas relacionadas coinciden; de lo contrario, no obtendrá datos en el resultado. Por otra parte, también es posible que una consulta no ofrezca datos en su resultado si no encuentra nada en lo que busquemos.

ABRIR Y MODIFICAR CONSULTAS

Para obtener el resultado de la consulta, lo más cómodo suele ser utilizar el panel de exploración, en el que desplegamos su menú y seleccionamos **Consultas**. Aparecerán todas las que existan en la base de datos. Hacemos doble clic en una y obtendremos su resultado.

Si desea modificar una consulta, vuelva a utilizar el menú del panel de exploración para elegir **Consultas** y en cuanto localice la que desee haga clic con el botón derecho del ratón en ella y seleccione **Vista diseño** en el menú que aparezca. Esto le llevará de nuevo a la edición de la consulta en la que podrá cambiar el criterio, el orden de los campos, etc.

EJERCICIOS

I) Consultas de selección

A continuación le ofrecemos una lista de ejercicios sobre consultas que puede aplicar a la base de datos que estamos diseñando a lo largo del libro:

- Vehículos diesel.
- Vehículos turbo diesel.
- Vehículos de gasolina que no excedan los 1600 cc.
- Vehículos de más de 100 caballos de potencia.
- Vehículos de una determinada marca (deberá preguntarnos la marca).
- Vehículos cuyo precio oscile entre 9.015 € (1.500.000 pts.) y 12.020 € (2.000.000 pts).
- Vehículos de cinco puertas.
- Vehículos que consuman hasta cinco litros.
- Clientes de fuera de Madrid (o cualquier otra provincia).
- Lista de fabricantes de fuera de España.
- Fabricantes que no tengan correo electrónico.
- Lista de fabricantes clasificados por orden alfabético.
- Vehículos en el almacén cuyo kilometraje no exceda los 30.000 kilómetros.
- Vehículos en el almacén que fueron matriculados durante los últimos cinco años.
- Vehículos en el almacén que tienen menos de 5.000 pts. en multas.

II) Otras consultas

1. Haga una copia de seguridad de su base de datos y diseñe una consulta que elimine los vehículos cuya potencia supere los 100 CV.

2. Diseñe una consulta que elimine los automóviles de una marca que solicite la propia consulta.

3. Diseñe una consulta que incremente el precio de los vehículos en un 5%.

III) Relaciones

Aplique las siguientes relaciones a la base de datos de *Automóviles*.

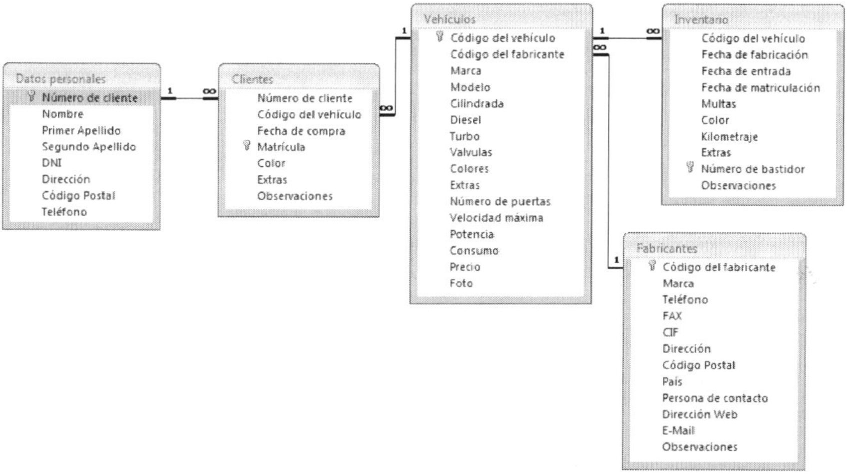

IV) Consultas con relaciones

Realice las siguientes consultas:

1. Clientes que han comprado un coche concreto (deberá preguntarnos marca y gama del coche y mostrar también todos los datos del coche).

2. Datos del cliente cuya matrícula de coche sea X (deberá preguntarnos la matrícula).

3. Nombre, apellidos, dirección y DNI de los clientes que compraron un coche el día X (deberá preguntarnos el día).

4. Extras que solicitó un cliente preguntando su nombre y apellidos.

5. Clientes que compraron un coche durante el año pasado.

En esta consulta, podemos escribir una condición sencilla como la siguiente: *Entre #01/01/2002# y #31/12/2002#*, pero ello nos obligaría a cambiar el número del año cada nuevo año. En su lugar le ofrecemos la siguiente:

Entre CFecha("1/1/"+Cad(Año(Fecha())-1)) y
CFecha("31/12/"+Cad(Año(Fecha())-1)

- La función **Año()** devuelve el año actual, de ahí que le restemos un 1 (ya que buscamos el año pasado: un año menos).

- La función **Fecha()** devuelve la fecha actual. Por ello la utilizamos conjuntamente con la función **Año()**, para que ésta última extraiga únicamente el año de la fecha actual.

- La función **Cad()** convierte el valor resultante del año al modo texto para poder concatenar delante de él los datos *1/1/* (uno de enero) y *31/12/* (treinta y uno de diciembre).

- La función **CFecha()** convierte toda la cadena de texto con la fecha completa en modo fecha para que Access opere ese dato correctamente. Si se quedase como texto no podría comparar las fechas de manera adecuada.

- Tenga en cuenta que para que esta consulta ofrezca resultados correctos deberá disponer de clientes cuya fecha de compra sea la correcta.

6. Datos completos de aquellos vehículos en almacén que no superen los 35.000 kilómetros.

7. Datos de los vehículos en almacén matriculados en los tres últimos años.

8. Datos del fabricante de un modelo de coche (debe preguntarnos la gama).

9. Datos de los coches de nuestro almacén que tengan un determinado color (debe preguntarnos el color).

10. Precio del vehículo que compró un determinado cliente (debe preguntarnos el nombre completo del cliente y mostrar también la marca, la gama, el modelo y la cilindrada del vehículo).

11. Datos de los vehículos que no tengan multas pendientes.

12. Lista de vehículos usados (de segunda mano) con todos sus datos.

V) Campos calculados

1. En primer lugar vamos a crear una consulta que muestre todos los datos de un cliente, pero ofreciendo el nombre completo en un solo campo. Este dato se calcula concatenando los campos *Nombre*, *Primer Apellido* y *Segundo Apellido* de la siguiente forma.

Campo:	Nombre completo: [Nombre]+" "+[Primer apellido]+" "+[Segundo apellido]
Tabla:	
Orden:	
Mostrar:	☑
Criterios:	
o:	

- El operador + (o &) es el encargado de concatenar los datos.

- Con el espacio en blanco separamos el nombre de los apellidos.

2. Ahora vamos a mostrar los precios de los vehículos con un 10% de descuento (el porcentaje y el precio final):

Campo:	Vehículos.*	Descuento: [Precio]*10/100	Precio final: [Precio]-[Descuento]
Tabla:	Vehículos		
Orden:			
Mostrar:	☑	☑	☑
Criterios:			
o:			

Aplique el formato **Euro** a los campos con el botón derecho del ratón en ellos y eligiendo **Propiedades** en el menú que aparece.

3. Ahora emplearemos la misma consulta anterior para establecer que el descuento deberá aplicarse sólo a los vehículos que superen los *16.000 €*. Para ello, basta aplicar ese criterio al campo *Precio*.

Precio
Vehículos
☑
>16000

CAPÍTULO 3

FORMULARIOS

Los formularios permiten diseñar ventanas de trabajo que, habitualmente, contienen datos extraídos de tablas o consultas para trabajar más cómodamente con ellos. Un diseñador de aplicaciones también puede emplearlos como recipiente para sus controles: botones, cuadros de texto, listas desplegables, etc.

Como ocurre con otros elementos de base de datos descritos anteriormente, se dispone de un asistente para su creación. Incluso existe la creación rápida de formularios.

ASISTENTE PARA CREAR FORMULARIOS

Para crear un formulario con el asistente se accede a la ficha **Crear** de la cinta de opciones y, en el grupo **Formularios**, se despliega el botón Más formularios. Se elige **Asistente para formularios** y se obtiene el primer paso del asistente:

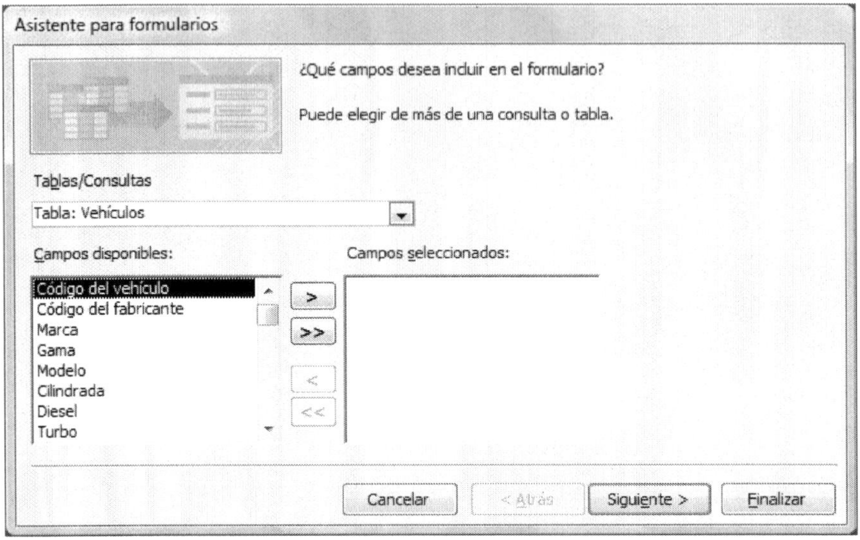

Lo primero es establecer qué campos de la tabla o consulta elegida se incorporarán al formulario. Lo habitual es añadir todos. También se puede seleccionar en este paso la tabla o consulta que contiene aquellos campos que desee utilizar. Para ello, se utiliza la lista **Tablas/Consultas**. Cuando la lista **Campos disponibles** contenga una relación adecuada de campos, se utilizan los siguientes botones:

1. [>]. Añade un campo de la lista de **Campos disponibles** a la lista de **Campos seleccionados**. Hasta que no se añada al menos un campo a este cuadro no se podrá pasar al siguiente paso del asistente.

2. [>>]. Incorpora todos los **Campos disponibles** a la lista de **Campos seleccionados**.

3. [<]. Elimina un campo de la lista de **Campos seleccionados**.

4. [<<]. Elimina todos los campos de la lista de **Campos seleccionados**.

Una vez que se han elegido los campos se accede al [Siguiente >] paso del asistente:

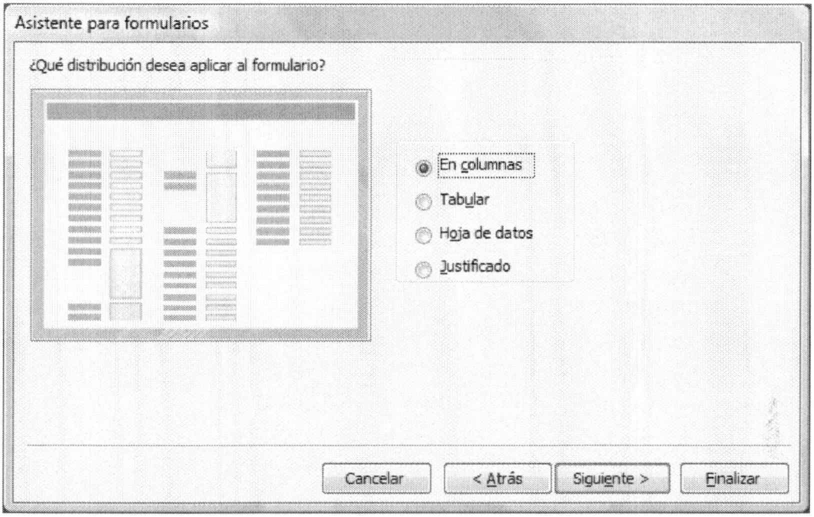

En este paso debe establecer cómo se distribuirán los datos en el formulario. Una vez elegido se accede al Siguiente > paso del asistente:

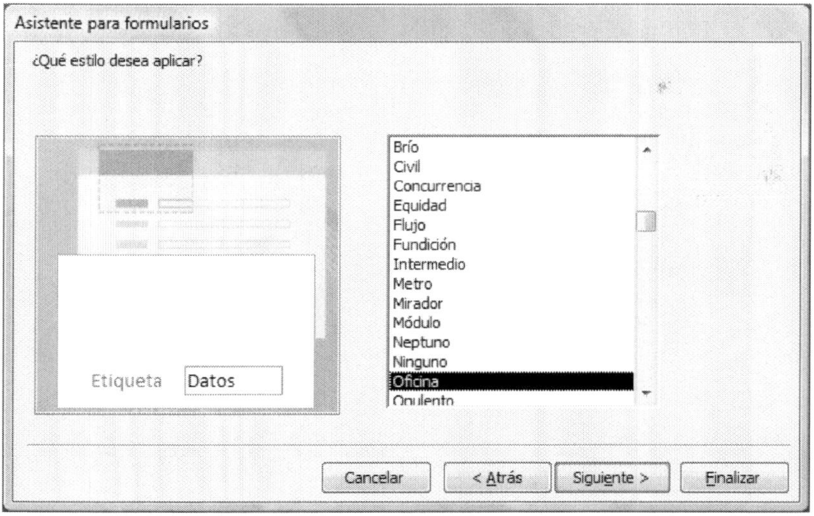

En este cuadro se elige el estilo con el que aparecerán los campos en el formulario. Al elegir un estilo, el cuadro de muestra cambia ofreciendo el aspecto genérico que tendrán los campos (color de fondo, de texto, etc.), con el fin de facilitarnos la decisión.

Después se accede al último paso del asistente en el que:

1. Si se desea asignar nombre al formulario, se utiliza el cuadro de texto **¿Qué título desea aplicar al formulario?**

2. Si se desea ver el resultado, se activa el botón de opción **Abrir el formulario para ver o introducir información**.

3. Si se desea alterar a mano el formulario que se acaba de crear, se activa el botón **Modificar el diseño del formulario**.

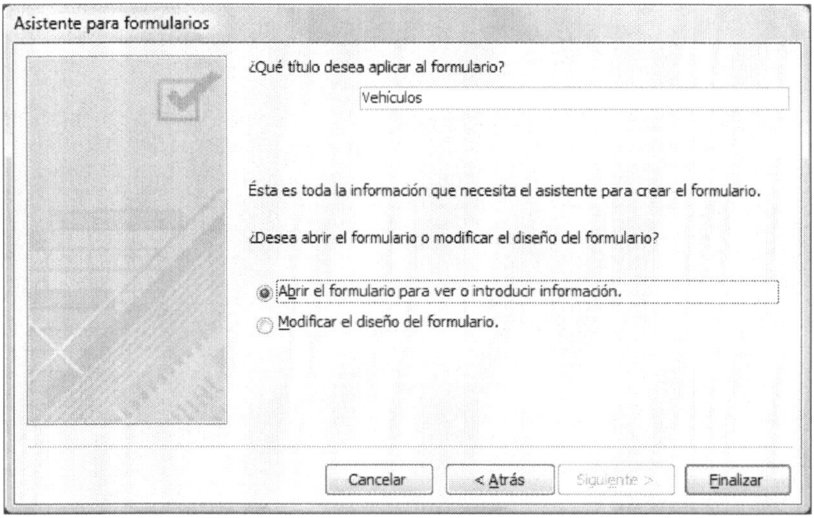

FORMULARIOS AUTOMÁTICOS

Existen varios sistemas de creación rápida de formularios. Se trata de elegir una tabla o consulta en el panel de exploración y emplear un botón que genera el formulario rápidamente y sin solicitar dato alguno.

Una vez que se ha seleccionado la tabla o consulta en dicho panel, se accede a la ficha **Crear** de la cinta de opciones y, en el grupo **Formularios**, se pulsa uno de los tres primeros botones.

Cada uno de esos botones genera un tipo distinto de formulario. El primero un formulario con todos sus datos colocados en forma de ficha, el segundo dividido en dos partes que muestran el formulario en forma de ficha (la superior) y en forma de tabla (la inferior) y el tercero en modo de tabla aunque con un contenido más completo (por ejemplo, si hay fotografías, las muestra en miniatura).

Cuando se cierra su ventana, Access ofrece la posibilidad de guardarlo como un formulario más de la base de datos.

FORMULARIOS DINÁMICOS

Los formularios dinámicos facilitan al usuario un cambio rápido, potente y sencillo de los datos que muestran. Los hay de dos tipos:

1. **Formularios de tablas dinámicas**. Son formularios cuyo resultado final es una tabla. Generalmente, se emplean para realizar cálculos con los datos numéricos de una tabla (o consulta), con la posibilidad de cambiar fácilmente tanto los datos con los que se hace el cálculo como sus combinaciones (como su posición en la tabla).

2. **Formularios de gráficos dinámicos**. Son formularios cuyo resultado final es un gráfico. Se emplean para conseguir representar gráficamente los datos numéricos de una tabla (o consulta), con la posibilidad de cambiar fácilmente los datos que se representan en el gráfico.

Para crear formularios de este tipo se selecciona la tabla o consulta en el panel de exploración, se accede a la ficha **Crear** de la cinta de opciones y se pulsa el botón 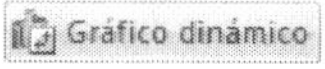

(o se despliega el botón 

y se selecciona **Tabla dinámica**) en el grupo **Formularios**.

Si se opta por una tabla dinámica se obtiene el formulario y una ventana con los campos para que los coloque donde le interese. Fundamentalmente, disponemos de cuatro áreas en las que colocar campos. Veamos un ejemplo con la tabla de **Vehículos**:

1. **El área de datos**: donde se colocan los datos numéricos. En el formulario podemos ver ese área rotulada como **Coloque campos de totales o campos detallados aquí** (la zona principal de la tabla).

2. **El área de fila**: donde se colocan campos con rótulos que irán a parar a las filas de la tabla. En el formulario podemos ver ese área rotulada como **Coloque campos de fila aquí** (la zona izquierda de la tabla).

3. **El área de columna**: donde se colocan campos con rótulos que irán a parar a las columnas de la tabla. En el formulario podemos ver ese área rotulada como **Coloque campos de columna aquí** (la zona superior de la tabla).

4. **El área de filtro**: donde se añaden condiciones para limitar los datos que deben aparecer en la tabla del formulario.

Desde la ventana de campos (**Lista de campos de tabla dinámica**) se arrastra el campo numérico, cuyos valores aparecerán en la tabla, hasta el área **Coloque campos de totales o campos detallados aquí**: en nuestro ejemplo, el *Precio*.

A continuación, realizaremos la misma tarea para colocar datos de texto que indiquen el contenido de esos valores. Por ejemplo, podemos arrastrar el campo *Marca* hasta el área de fila (**Coloque campos de fila aquí**), con lo que obtendríamos lo siguiente:

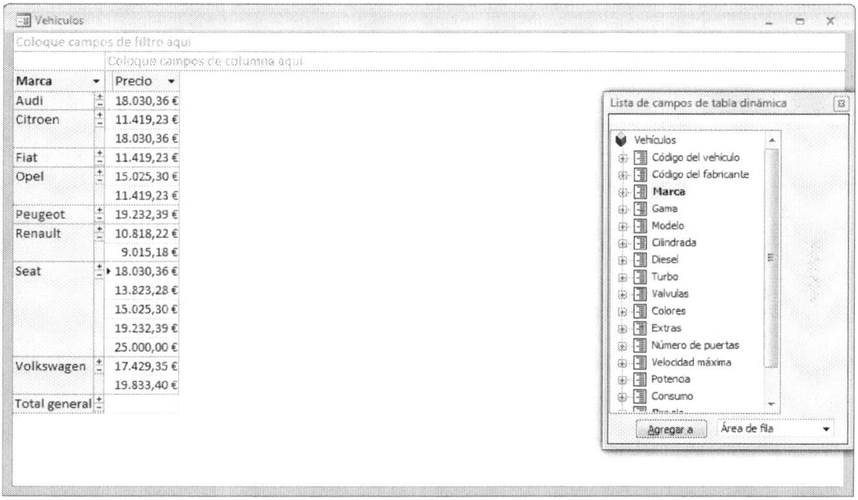

La tabla queda distribuida por marcas (los datos que hemos elegido) y, a pesar de que en la figura anterior no se ve, Access genera una suma debajo de la tabla de todas las cifras que hay en ella. Veamos otros detalles:

1. Puede desactivar ciertos datos utilizando la cabecera de los campos. Por ejemplo, puede conseguir que ciertas marcas no se muestren desplegando su botón en la cabecera (figura junto al margen).

   Simplemente desactive o active las casillas de los campos que desee ocultar o mostrar y pulse Aceptar.

2. Puede quitar campos de la tabla (de cualquier área) haciendo clic con el botón derecho del ratón sobre uno y, en el menú que aparece, eligiendo **Quitar** (o arrastrándolo fuera de la tabla).

3. Puede añadir datos para completar la tabla al área de columna (**Coloque campos de columna aquí**). El resultado de nuestro ejemplo, si colocásemos ahí el campo *Gama*, sería el que puede ver en la siguiente figura:

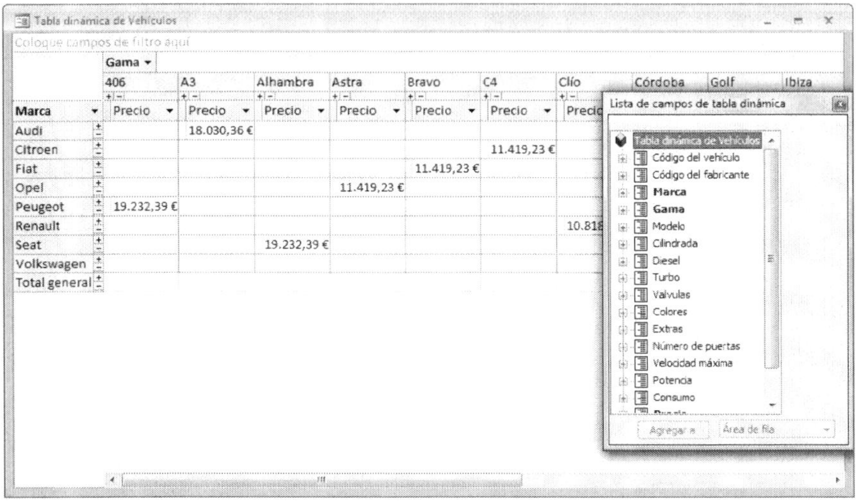

En la cinta de opciones se dispone de la ficha **Diseño** mientras se está en la tabla dinámica.

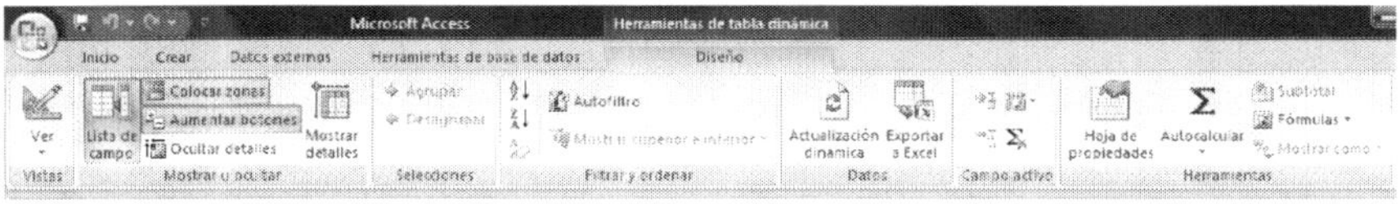

Esta barra contiene elementos muy útiles para ajustar la tabla. Por ejemplo, puede desplegarse el botón **Autosuma** para seleccionar la función matemática que empleará la tabla.

Si se opta por un Gráfico dinámico el proceso de trabajo es prácticamente idéntico y lo único que varía es la terminología de las áreas en las que colocamos los campos para que el gráfico muestre sus datos.

Una vez que el gráfico dinámico está creado, obtenemos lo siguiente:

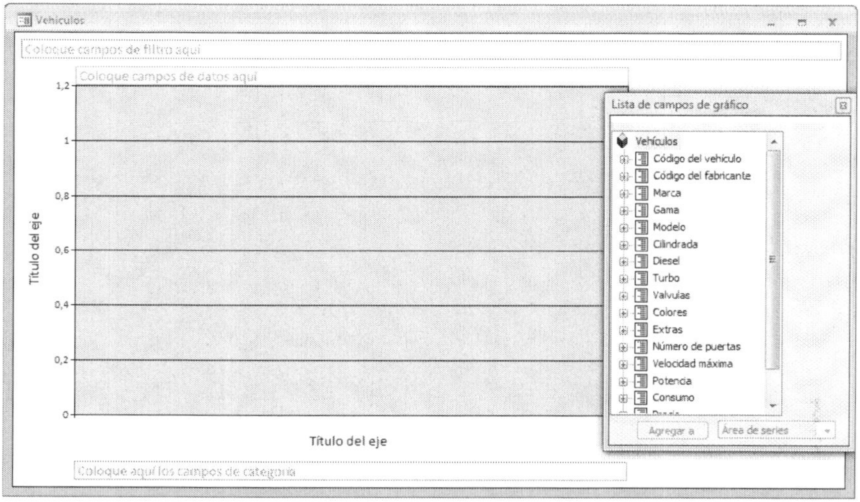

Como vemos, aparece un gráfico vacío, esperando a que añadamos campos en él. Como en el caso de las tablas dinámicas, tendremos que colocar, al menos, un campo numérico y otros de texto para que el gráfico muestre datos con sentido. Así, el campo numérico deberá colocarse en el área de datos (**Coloque campos de datos aquí**), mientras que el campo (o campos) con el que se construya el gráfico deberá situarse en el área de series (**Coloque aquí los campos de categoría**).

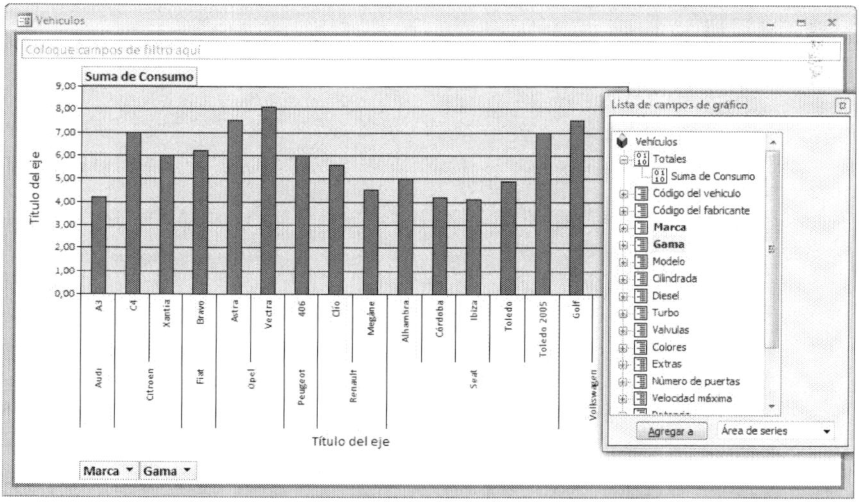

Puede ver un ejemplo de la figura anterior en el que colocamos el campo *Precio* en el área de datos y los campos *Marca* y *Gama* en el área de series.

Otros detalles:

1. Puede quitar campos de la tabla (de cualquier área) haciendo clic en su botón y pulsando la tecla **Supr** (suprimir), o bien, arrastrándolo fuera del gráfico.

2. Puede emplear la ficha **Diseño**, disponible siempre que nos encontremos en el gráfico dinámico, para ajustar el gráfico:

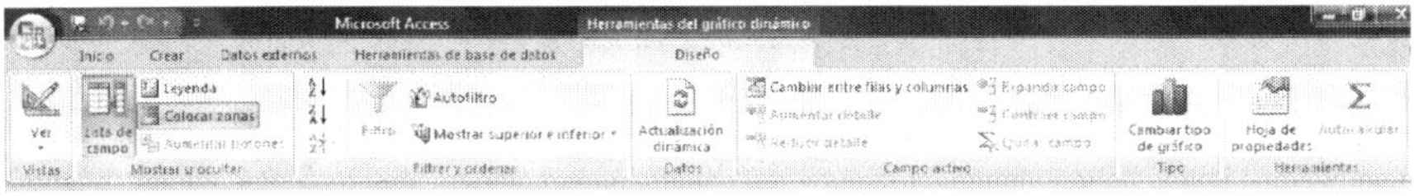

Así, si lo necesita, puede hacer clic en el elemento del gráfico que desee y pulsar el botón **Hoja de propiedades**. Por ejemplo, puede cambiar los colores de las barras del gráfico o el tipo de letra de los rótulos. También puede cambiar el tipo de gráfico, filtrar los datos u ordenarlos.

FORMULARIOS EN MODO *VISTA DISEÑO*

Si se desea crear un formulario sin asistente, o modificar un formulario que ya está diseñado, se puede optar por el modo *Vista diseño*. Se trata de un modo de trabajo que, a pesar de ser manual, ofrece la ventaja de ser modificable al detalle por el diseñador.

Para crearlo en este modo, se selecciona la tabla o consulta en el panel de exploración, se accede a la ficha **Crear** de la cinta de opciones y se pulsa el botón **Diseño del formulario**.

Además de la propia área del formulario en la que se añadirán los campos y los elementos que lo rellenen, se obtienen diferentes elementos en la cinta de opciones para controlar el formulario:

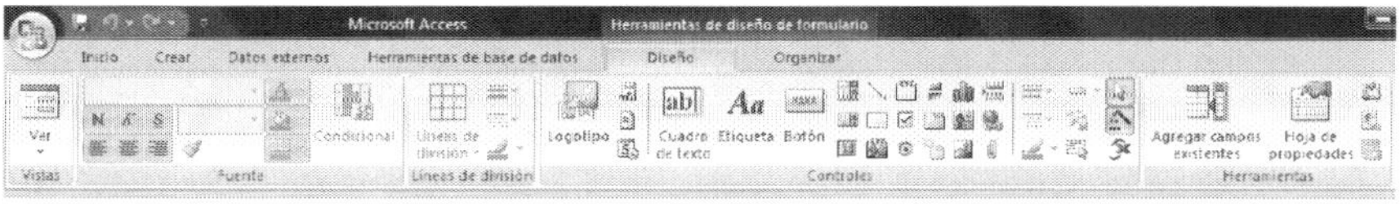

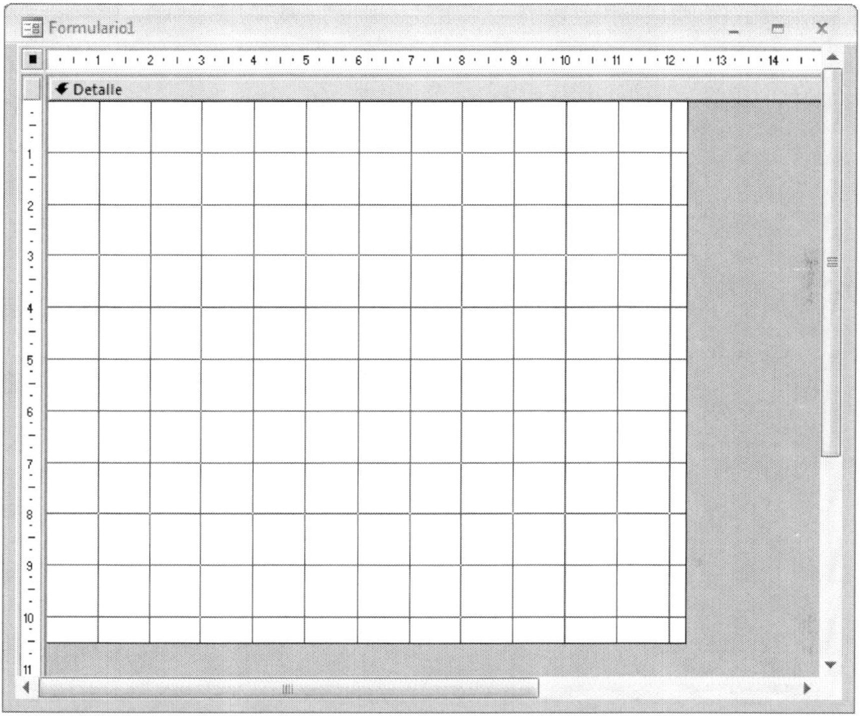

En la cinta cobra vital importancia el botón **Agregar campos existentes** ya que esto muestra un panel a la derecha con la lista de tablas cuyos campos podemos añadir al formulario.

Normalmente, se arrastran hasta el formulario los campos que se desea que allí aparezcan (incluso varios a la vez, seleccionándolos primero mediante la ayuda de las teclas de MAYÚSCULAS y de CONTROL).

Cuando los campos se encuentran en el formulario puede aplicárseles varias funciones que mejoren su aspecto. Se trata de los elementos del grupo **Fuente** en la cinta de opciones.

También puede cambiarse la posición del campo arrastrándose a otro lugar. Esta acción suele desplazar el campo y, junto a él, la etiqueta que lo acompaña. Si necesitamos desplazar sólo uno, en lugar de arrastrarlo normalmente, hacemos clic en el manejador más grande que tienen en su esquina superior izquierda y arrastramos desde ahí.

Secciones de los formularios

Un formulario se puede dividir en secciones que pueden aprovecharse para organizar y agrupar bien los datos:

1. **Encabezado o pie de formulario**. Todo aquello que se coloque en esta sección aparecerá únicamente al principio (encabezado) o al final (pie) del formulario. Para mostrar estos elementos se accede a la ficha **Organizar** de la cinta de opciones y se pulsa el botón del grupo **Mostrar u ocultar**.

2. **Encabezado o pie de página**. Todo aquello que se coloque en esta sección aparecerá únicamente al principio (encabezado) o al final (pie) de cada página que abarque el formulario y sólo se verá cuando se imprima en papel. Para mostrar estos elementos se accede a la ficha **Organizar** de la cinta de opciones y se pulsa el botón del grupo **Mostrar u ocultar**.

3. **Detalle**. Todo aquello que se coloque en esta sección se repetirá por cada registro de la tabla o consulta. En esta sección es donde se suelen colocar los campos.

Se puede hacer clic en la barra que separa las secciones y luego arrastrar desde su borde para ampliar o reducir su tamaño.

Incorporar objetos de control

Los elementos que muestra el grupo **Controles** de la ficha **Diseño** en la cinta de opciones son elementos que se pueden añadir al formulario para ampliar las funciones del formulario y facilitar el trabajo al usuario.

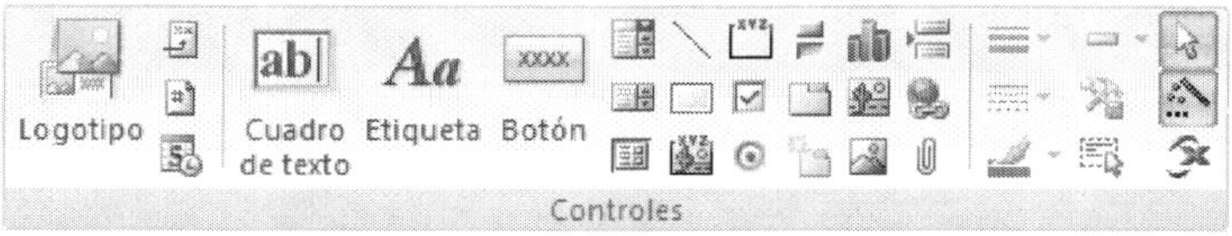

Se pulsa en uno de estos elementos de control y luego se arrastra en diagonal en el formulario.

Si está activado el botón **Asistentes para controles** ( ) en cuanto se termine de dibujar un objeto aparece el primer paso de un asistente que ayuda a programarlo. De este modo sin disponer de grandes conocimientos de programación se pueden conseguir resultados interesantes.

Existen también dos botones que permiten dibujar líneas rectas ( ) y recuadros ( ) para mejorar el aspecto del formulario.

Propiedades de los objetos

Cualquier objeto incluido en un formulario contiene unas características y cualidades modificables: sus propiedades. Para acceder a ellas, una vez que se ha hecho clic en un elemento de control se pulsa el botón **Hoja de propiedades** que se encuentra en el grupo **Herramientas** de la ficha **Diseño** en la cinta de opciones.

En las fichas que ofrece su panel podemos encontrar diferentes funciones muy interesantes, como la posición del objeto en el formulario, los colores que utiliza, su alineación, etc.

Cada ficha contiene todas las propiedades específicas para una tarea, con excepción de **Todas** que contiene el listado completo.

Si añadimos un **Cuadro de texto** podemos usarlo como recipiente de operaciones matemáticas añadiendo fórmulas tal y como vimos en el apartado de *Campos calculados* empezando la fórmula, eso sí, con el signo igual (=).

En todas las ocasiones en las que necesitamos aplicar una fórmula matemática, se puede emplear el generador de expresiones. Se trata de una ventana que contiene elementos que ayudan a incorporar operandos y operadores a las fórmulas.

Cuando nos encontremos en un cuadro para escribir fórmulas, podremos emplear el botón ... que aparece a su derecha, o seleccionar la opción **Generar** del menú que aparece si hacemos clic con el botón derecho del ratón en el cuadro. Al hacerlo aparece el cuadro de diálogo del generador:

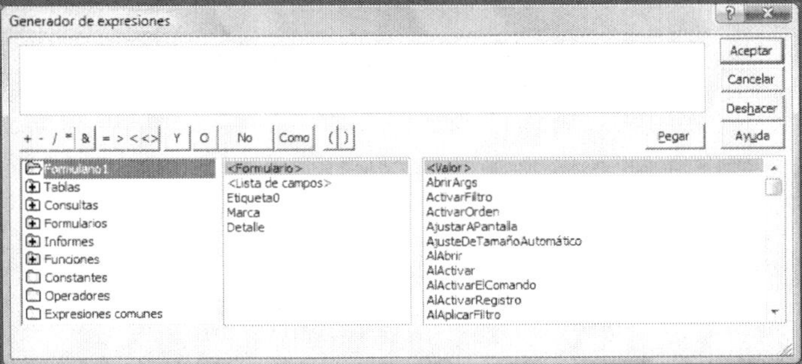

Observe los botones de los operadores. Al pulsar uno, el operador se añade a la fórmula (que también podemos teclear a mano). Además, disponemos de una lista de **Tablas**, **Consultas**, etc., para encontrar objetos que necesitemos añadir a la fórmula.

Por ejemplo, resultan muy interesantes las **Funciones**, ya que calculan valores para nosotros que pueden ser muy útiles en ciertas fórmulas.

ABRIR FORMULARIOS

Para abrir un formulario, se debe comenzar por acceder a su sección en el panel de exploración, es decir, se despliega su menú y se selecciona la opción **Formularios**.

En la lista aparecerán todos los que contenga la base de datos. Para abrir uno se hace doble clic en él, aunque, si lo que se necesita es modificar a mano las características de un formulario, se hace clic con el botón derecho del ratón en él y, en el menú que aparece, se selecciona la opción **Vista diseño** que lleva al modo de trabajo que hemos detallado en el apartado *Formularios en modo vista diseño*.

DESPLAZARSE A TRAVÉS DE FORMULARIOS

En la parte inferior de la ventana de un formulario existe un indicador que muestra nuestra posición actual en la tabla por la que navegamos y, junto a él, disponemos de varios botones que nos permiten desplazarnos por todos sus registros:

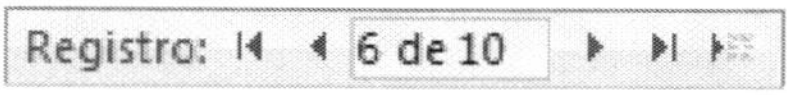

1. En el cuadro de texto (en nuestro ejemplo se ve *6 de 10*) podemos teclear el número de aquel registro al que queremos acceder y pulsar la tecla **INTRO**. Si escribimos un valor mayor que el del número total de registros, obviamente no podremos acceder a él y Access nos avisará mediante un cuadro de error.

2. El botón  nos lleva al primer registro.

3. El botón  nos lleva al registro anterior.

4. El botón  nos lleva al registro posterior.

5. El botón nos lleva al último registro.

6. El botón nos lleva al registro vacío del final de la tabla, que está listo para ser rellenado.

CERRAR FORMULARIOS

Se puede cerrar un elemento de una base de datos pulsando el botón de su correspondiente ventana.

Cuando se cierra un formulario recién diseñado por primera vez, Access preguntará si se desea almacenarlo en la base de datos del disco mediante el siguiente cuadro de diálogo:

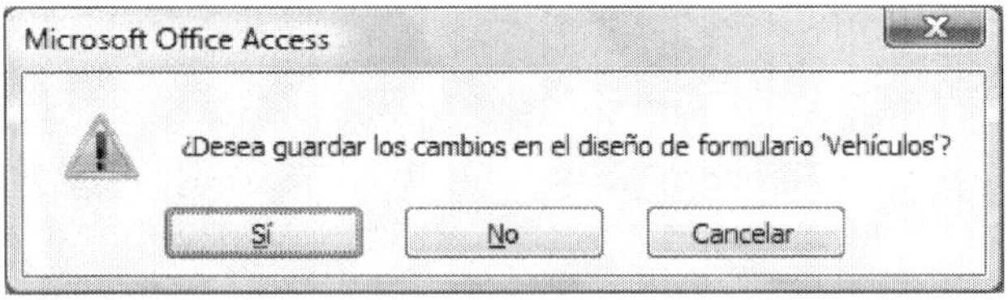

Access suele ofrecer como nombre el mismo que tenga la tabla o consulta asociada al formulario seguida de un número que consiga diferenciarlo de los demás nombres, pero si se prefiere otro, se puede teclear en el cuadro de texto **Nombre del formulario**.

EJERCICIOS

I) Formularios

1. Abra la base de datos *Automóviles*.

2. Diseñe un formulario con el aspecto que prefiera para las tablas (*Vehículos* y *Fabricantes*). Para las tablas *Clientes* y *Datos de clientes* realice una

consulta previamente que muestre todos sus datos reunidos y con esa consulta genere el formulario. No incluya el campo *Número de cliente* de la tabla *Datos de clientes* para evitar la repetición de este dato.

3. Haga lo mismo con la tabla *Inventario*: realice una consulta que muestre los datos del inventario y los *Vehículos* conjuntamente y genere un formulario con ella. No incluya los datos *Extras* y *Colores* de la tabla *Vehículos*, puesto que sería repetir datos y, además, los datos más concretos de esos casos se encuentran en la tabla *Inventario*.

4. Puesto que cambiando a *Vista diseño* se pueden realizar cambios, le sugerimos uno: añada un botón de comando (desde el grupo **Controles** de la ficha **Diseño** en la cinta de opciones) y en el asistente que obtenga seleccione la categoría **Operaciones con formularios** (no estaría de más que estudiase todas las categorías y sus **Acciones**) y elija la acción **Cerrar formulario**. Termine el asistente a su gusto y dispondrá de un botón capaz de salir del formulario cuando se pulse.

CAPÍTULO 4

INFORMES

Los informes constituyen una manera de presentar los datos de las tablas y consultas en la impresora, en forma de documento de texto.

El modo de tratar los informes es realmente similar al de los formularios. Básicamente, consiste en elegir una tabla (o una consulta) de la base de datos para generar después un documento que distribuya los datos en una página con una presentación atractiva. Por otro lado, en la misma página se pueden incorporar funciones automáticas como encabezados y pies de página.

CREAR INFORMES

La creación de informes en Access puede realizarse con asistentes. Para ello, se selecciona la tabla o consulta en el panel de exploración, se accede a la ficha **Crear** de la cinta de opciones y se pulsa el botón Asistente para informes del grupo **Informes**.

> En los informes, la posibilidad de elegir una consulta en lugar de una tabla cobra una mayor importancia, ya que el listado que genere un informe puede ser más útil si se realiza sólo con ciertos registros en lugar de con todos ellos. Por ejemplo, no será necesario imprimir etiquetas de todos los clientes sino únicamente de los que se necesiten según el resultado de una consulta, en cuyo caso, primero hay que diseñar esa consulta y luego generar el informe con ella.

Al hacerlo se accede a su primer paso:

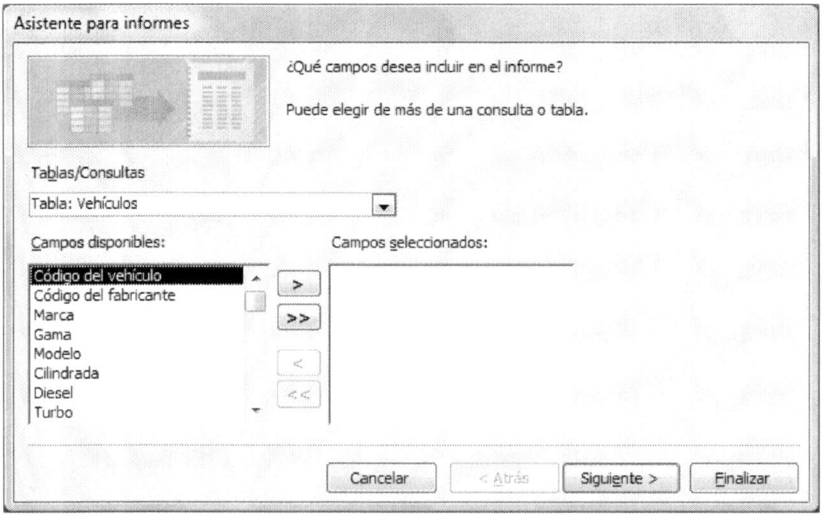

Como es habitual en los asistentes de Access, lo primero es elegir qué campos aparecerán en el nuevo objeto, en este caso, el informe. Para llevar a cabo esta tarea también se puede seleccionar, en este paso, la tabla o consulta que contiene esos campos. Para ello, se despliega la lista **Tablas/Consultas**. Cuando la lista **Campos disponibles** contenga los campos que se necesitan, se emplean los botones >, >>, < y << del mismo modo que hemos visto en ocasiones anteriores. Luego se accede al siguiente paso del asistente:

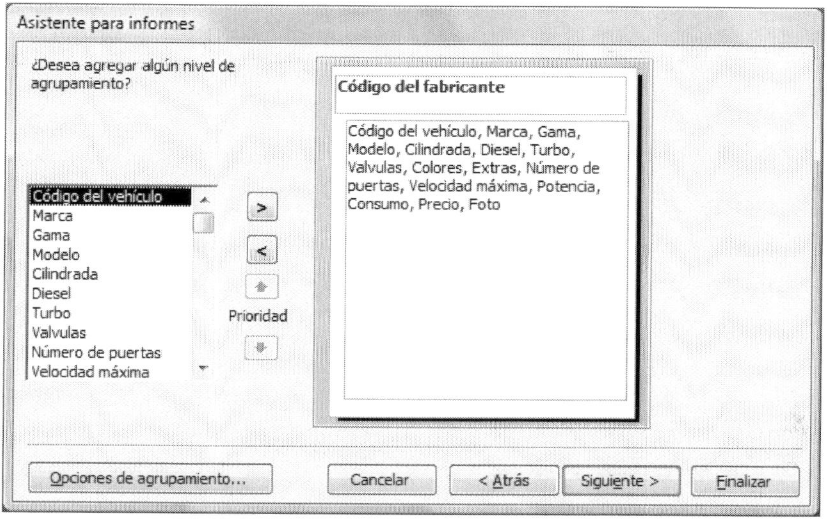

Con este paso, si se desea, pueden reunirse los datos por grupos:

1. [>]. Selecciona ese campo como dato para agrupar los demás. Se trata de que si un campo contiene un mismo dato en varios registros, éstos los mostrará juntos. Un ejemplo agrupando por *Marca*:

Marca	*Modelo*	*Cilindrada*	*Diesel*	*Potencia*	*Precio*
Citroen					
	Xantia	2.100	☑	110	18.030,36 €
	Xsara	1.800	☐	105	11.419,23 €
Opel					
	Astra	1.600	☐	85	11.419,23 €
	Vectra	1.800	☐	105	15.025,30 €
Renault					
	Clio	1.400	☐	80	10.818,22 €
	Megane	1.900	☑	75	9.015,18 €
Seat					
	Alhambra	1.900	☑	90	19.232,39 €
	Córdoba	1.900	☑	90	15.025,30 €
	Ibiza	1.900	☑	90	13.823,28 €
	Toledo	1.900	☑	110	18.030,36 €

2. <. Con este botón se quita de la agrupación un campo que ya lo estuviese.

3. Si se agrupan varios campos, se pueden reordenar mediante los botones ↑ y ↓.

Una vez establecido el orden y la posición de los campos en el informe, se accede al siguiente paso del asistente, en el que se pueden ordenar los datos del informe.

Se elige el dato por el que desea ordenar en las listas desplegables numeradas del **1** al **4**. Access ordenará el informe clasificando según el primero de los datos, establecido en la lista **1** (por ejemplo, por apellidos). Pero si encuentra dos datos iguales en ese campo, los ordenará entre ellos según el campo **2** (por ejemplo, por nombre) y así sucesivamente.

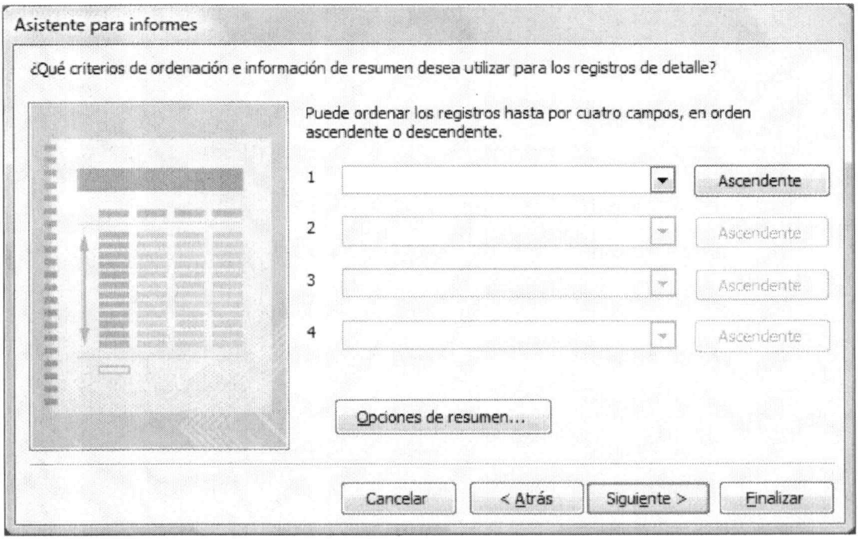

Por otra parte, la ordenación puede ser ascendente (de menor a mayor, o de la A a la Z o, si se trata de fechas, de más antigua a más moderna) o descendente (a la inversa) según se pulse o no el botón Ascendente que hay a la derecha de cada lista.

Si se dispone de campos numéricos en el informe, se puede utilizar el botón Opciones de resumen... para obtener un cálculo al final del informe: la suma de los valores del campo, el promedio, el mayor y el menor.

Cuando se haya elegido el tipo de ordenación que se desea se accede al siguiente paso del asistente, aunque el aspecto que muestra dependerá de si se agruparon campos en uno de los pasos anteriores. En él se establece la distribución de los datos en la hoja. Se empieza por seleccionar cualquier botón del grupo **Distribución** para elegir la distribución y aspecto básicos. También se puede establecer con qué **Orientación** queremos obtener las páginas del informe: **Vertical** (la habitual) y **Horizontal** (apaisado). Por último se puede activar el botón **Ajustar el ancho del campo de forma que quepan todos los campos en una página** si se desea que Access reduzca la anchura de las columnas con los datos hasta que encajen todos en cada página.

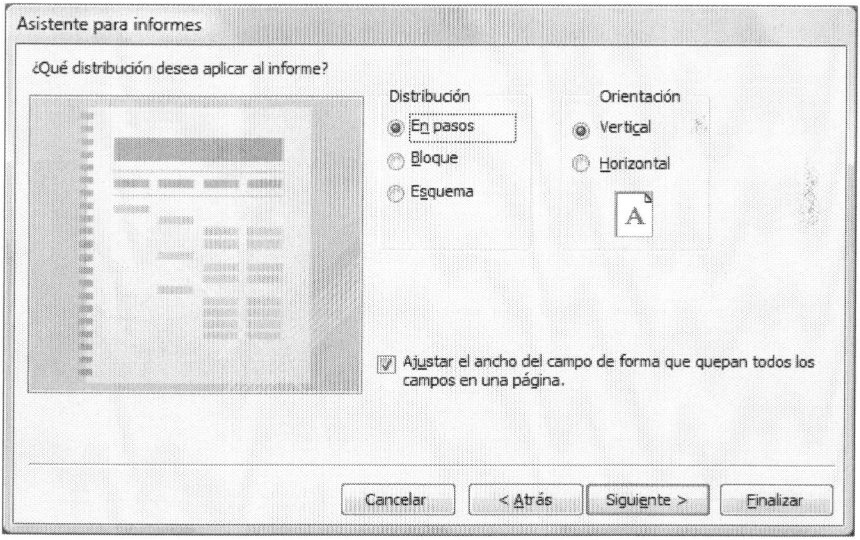

Después se accede al siguiente paso del asistente:

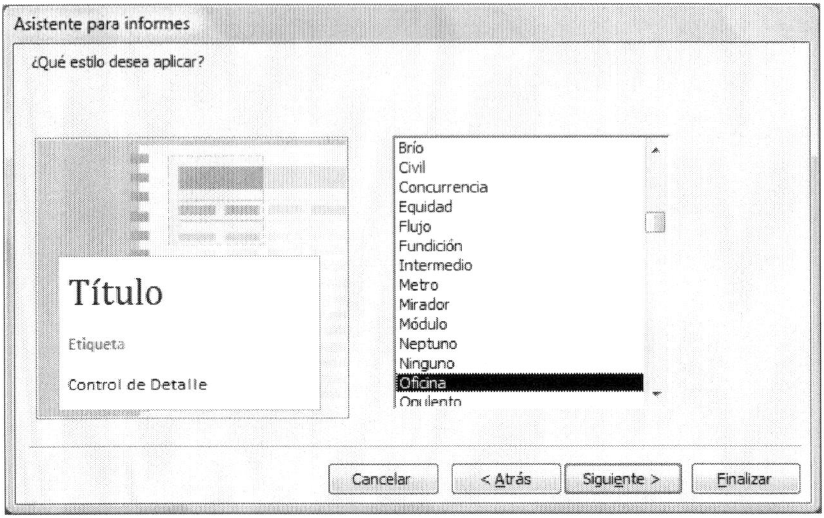

Como puede verse, en este paso se establece el estilo que se desea aplicar al informe. Podemos elegir entre los distintos aspectos que muestra la lista del cuadro.

El último paso del asistente ofrece el siguiente aspecto:

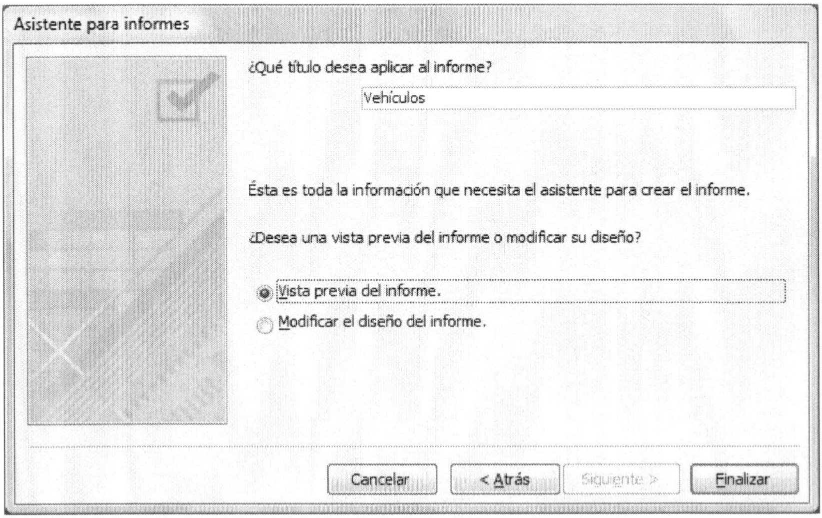

1. Se da nombre al informe escribiéndolo en el cuadro de texto **¿Qué título desea aplicar al informe?**

2. El resultado puede verse activando el botón de opción **Vista previa del informe** y finalizando el asistente.

3. Si se desea alterar a mano el informe que se acaba de crear, se activa el botón **Modificar el diseño del informe**, finalizando, a continuación, el asistente.

INFORMES PARA ETIQUETAS POSTALES

Un tipo de informe que puede resultar particularmente útil es el que permite generar automáticamente etiquetas postales. Gracias a él se crean fácilmente etiquetas para pegar en sobres de correo. Los datos de las etiquetas serán los que contenga alguna tabla de la base de datos, por lo que debe existir alguna con datos adecuados.

Se selecciona la tabla o consulta en el panel de exploración, se accede a la ficha **Crear** de la cinta de opciones y se pulsa el botón Etiquetas del grupo **Informes**.

No debe olvidarse que lo más común es elegir una consulta, ya que en la mayor parte de los casos, no se envía correo a todas las personas contenidas en una tabla sino únicamente a las que cumplan ciertas condiciones, para lo cual es necesario crear una consulta y utilizarla en el informe de etiquetas.

Al hacerlo se accede al primer paso del asistente en el que se establece qué tipo de etiquetas se emplearán. Existen varios estándares que llevan asociadas ciertas especificaciones en cuanto a tamaño vertical y horizontal de las etiquetas, la separación entre ellas y su número por cada fila:

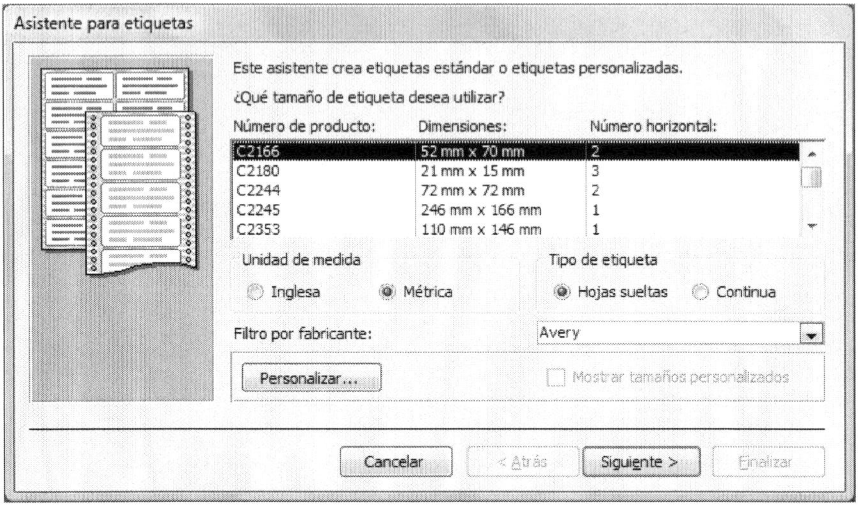

1. La lista **¿Qué tamaño de etiqueta desea utilizar?** muestra una relación con los distintos tipos de etiquetas predefinidos por Microsoft. Si el tipo de etiquetas que se utiliza habitualmente coincide con alguno de los que se listan, bastará con seleccionarlo. En tal caso, no será necesario hacer nada más en este paso; de lo contrario, será necesario emplear el resto de los elementos del cuadro.

2. Con el grupo **Unidad de medida** se elige el sistema de medida para precisar los distintos tamaños de etiqueta. Puede elegirse entre el sistema métrico y el sistema inglés, que emplea pulgadas para indicar las medidas.

3. Con el grupo **Tipo de etiqueta** se establece si las etiquetas están incluidas en **Hojas sueltas** o si, por el contrario, están distribuidas en papel continuo de impresora (opción **Continua**).

4. La lista desplegable **Filtro por fabricante** ofrece varias empresas fabricantes de etiquetas para que elija la que desee.

5. El botón 

permite establecer medidas distintas a las que ofrece la lista. Se utiliza este botón si las características de las etiquetas que se van a emplear no coinciden con las de la lista. Si se pulsa este botón, será necesario establecer varios datos para las etiquetas:

- Su altura.
- Su anchura.
- Sus márgenes superior e inferior.
- El número de etiquetas por fila.
- La orientación de las etiquetas en el papel: vertical o apaisada.
- Un nombre para el nuevo tipo de etiquetas.

6. Si se crean etiquetas personalizadas, se debe solicitar que aparezcan en la lista en lugar de las de otros fabricantes (**Filtro por fabricante**). Para ello, se activa la casilla de verificación **Mostrar tamaños personalizados**.

   El siguiente paso del asistente ofrece lo siguiente:

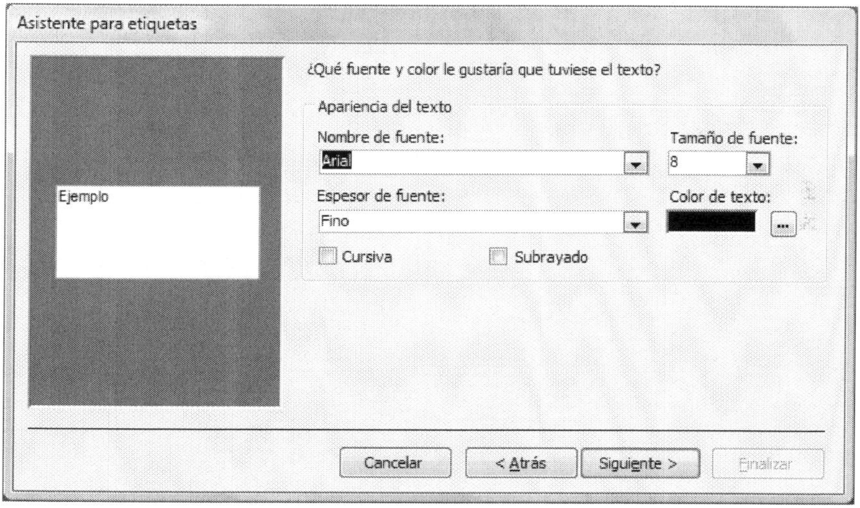

Este cuadro está destinado a contener información acerca del aspecto de la letra que se utilice en las etiquetas:

1. Con la lista **Nombre de fuente** se elige el tipo de letra que se aplicará al texto de las etiquetas.

2. La lista **Tamaño de fuente** permite establecer la medida que tendrá la letra en las etiquetas.

3. **Espesor de fuente** permite indicar la anchura de la letra, siendo posible elegir entre varias opciones que oscilan entre el fino y la negrita.

4. Se puede cambiar también el **Color de texto** con el botón que lleva ese nombre.

5. Se pueden establecer, además, los aspectos *Cursiva* y <u>Subrayado</u> con las casillas de verificación correspondientes.

El siguiente paso presenta este aspecto:

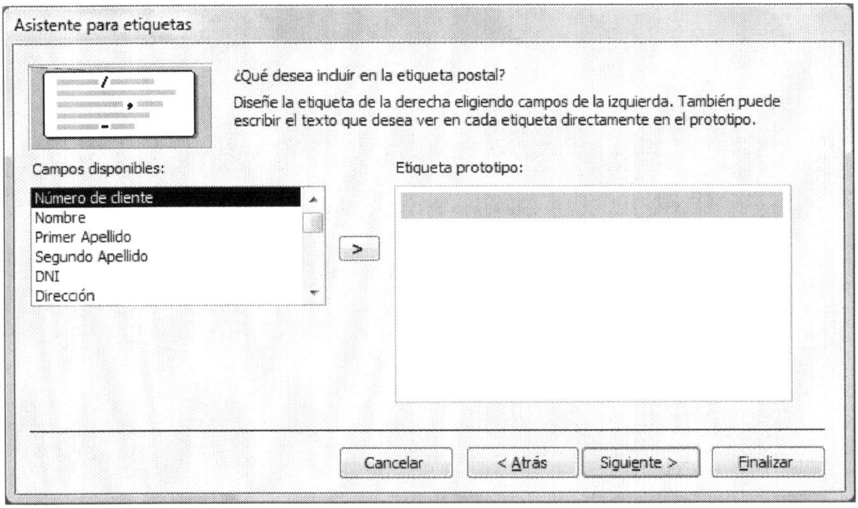

En este cuadro se indica qué campos de la tabla elegida aparecerán en las etiquetas (nombres, apellidos, direcciones, etc.) y de qué forma, añadiéndolos al cuadro titulado **Etiqueta prototipo**. Para ello, sólo hay que incluir los campos que se desee de la lista **Campos disponibles** (seleccionándolos con el ratón y pulsando el botón [>]) y escribir, si es necesario, el texto que los acompañará en la etiqueta. Por ejemplo:

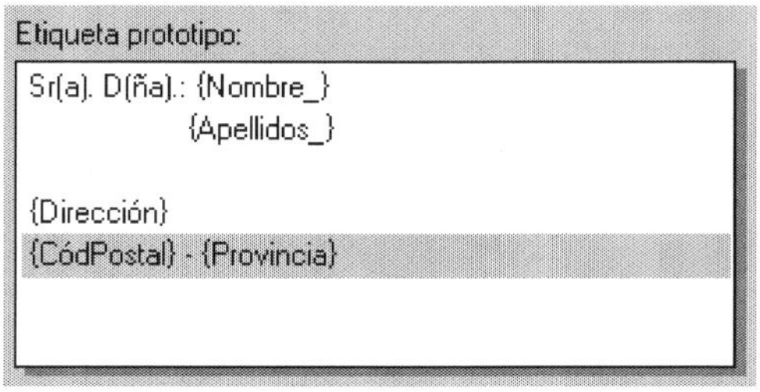

El siguiente paso del asistente presenta este aspecto:

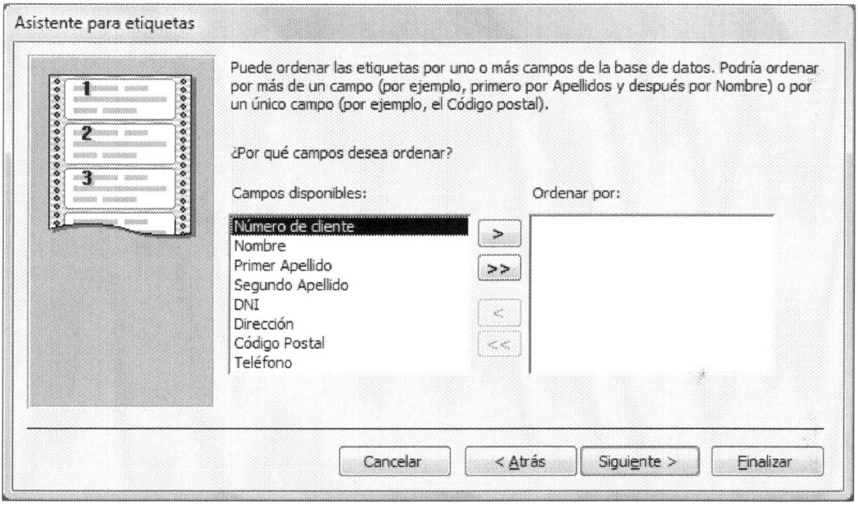

La lista de etiquetas puede aparecer ordenada por uno o más campos. Por ejemplo, si se desea que las etiquetas aparezcan ordenadas alfabéticamente por apellidos, se elige el campo **Apellidos** y se pulsa el botón [>]. Si se sabe que puede haber apellidos iguales, puede establecerse que, en ese caso, Access ordene esas etiquetas entre sí según el **Nombre**, eligiéndolo igualmente en la lista y volviendo a pulsar el mismo botón. Del mismo modo podrán añadirse más campos a la lista **Ordenar por**. Se utilizan los botones [>], [>>], [<] y [<<] del mismo modo que se ha visto en ocasiones anteriores.

Cuando se haya establecido el orden de clasificación se accede al último paso del asistente:

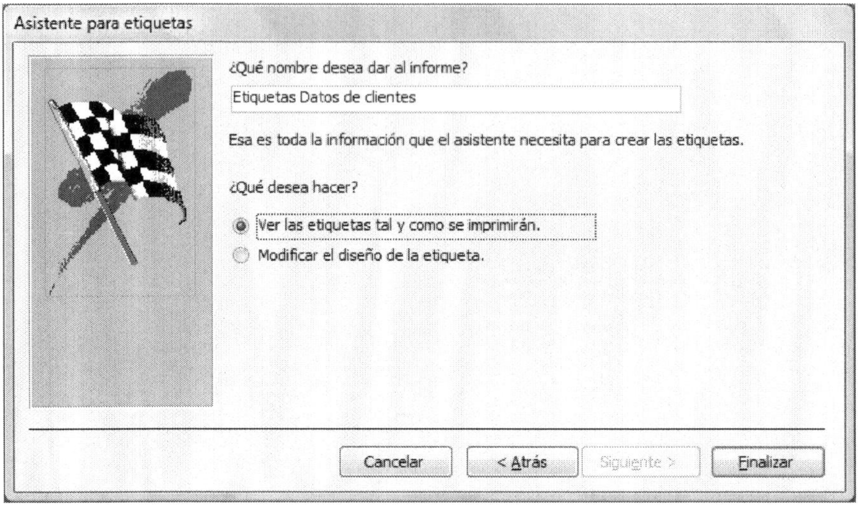

1. Si se desean ver las etiquetas resultantes, se activa el botón de opción **Ver las etiquetas tal y como se imprimirán**.

2. Si se desea alterar a mano el informe con las etiquetas que se acaban de crear, se activa el botón **Modificar el diseño de la etiqueta**.

INFORMES AUTOMÁTICOS

Existen varios sistemas de creación rápida de informes. Se trata de elegir una tabla o consulta en el panel de exploración y emplear un botón que genera el informe rápidamente y sin solicitar dato alguno.

Una vez que se ha seleccionado la tabla o consulta en dicho panel, se accede a la ficha **Crear** de la cinta de opciones y, en el grupo **Informes**, se pulsa el botón **Informe**.

INFORMES EN MODO *VISTA DISEÑO*

Al igual que ocurre en los formularios, los informes pueden diseñarse manualmente en el modo *Vista diseño*. El procedimiento es el mismo: selecciona la tabla o consulta en el panel de exploración, se accede a la ficha **Crear** de la cinta de opciones y se pulsa el botón **Diseño del informe**.

Después, el método de trabajo es prácticamente idéntico al empleado con los formularios: se dispone del área de diseño del informe, y la ficha **Diseño** de la cinta de opciones.

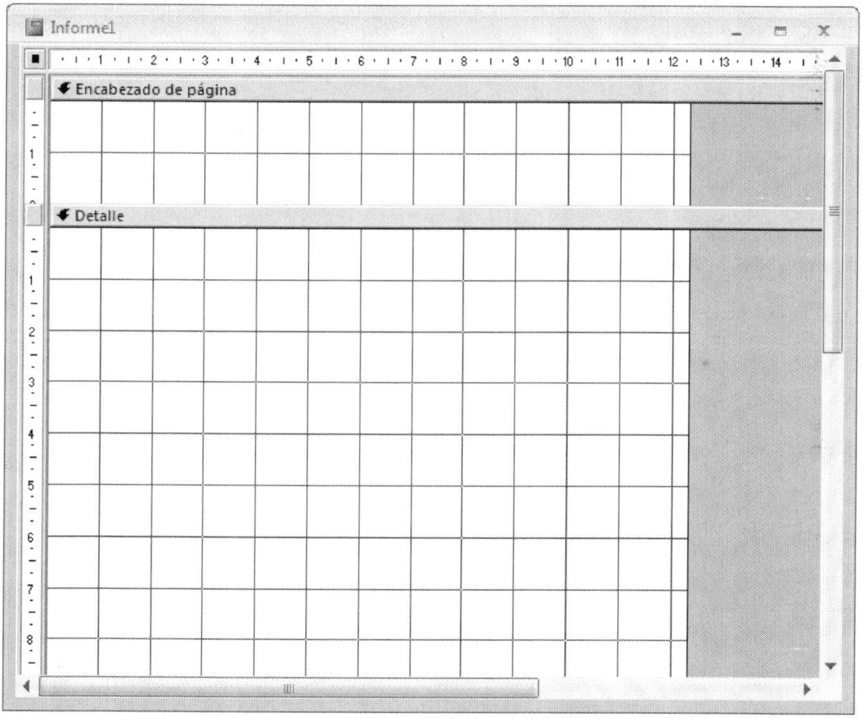

Al igual que en los formularios, se pueden mostrar los campos y arrastrarse hasta el informe. También disponemos de la posibilidad de mejorar su aspecto y de recolocarlos arrastrándolos hasta situarlos en el lugar correcto.

Secciones de los informes

Al igual que los formularios, los informes se pueden dividir en secciones que pueden aprovecharse para organizar y agrupar bien los datos:

1. **Encabezado o pie de página del informe**. Todo aquello que se coloque en esta sección aparecerá únicamente al principio (encabezado) o al final (pie) del informe. Para mostrar estos elementos se accede a la ficha **Organizar** de la cinta de opciones y se pulsa el botón del grupo **Mostrar u ocultar**.

2. **Encabezado o pie de página**. Todo aquello que se coloque en esta sección aparecerá únicamente al principio (encabezado) o al final (pie) de cada página que abarque el informe. Para mostrar estos elementos se accede a la ficha **Organizar** de la cinta de opciones y se pulsa el botón del grupo **Mostrar u ocultar**.

3. **Encabezado de campo**. Son los niveles de agrupamiento que vimos durante la creación de los informes con el asistente. Podemos crearlos mediante el botón Agrupar y ordenar. Esto abre un panel en la parte inferior de la ventana en el que se elige el campo a agrupar.

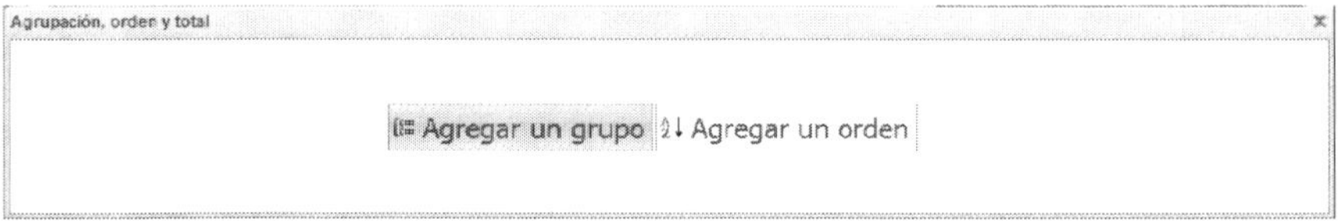

Una vez que se pulsa el botón, se hace clic en Agregar un grupo...

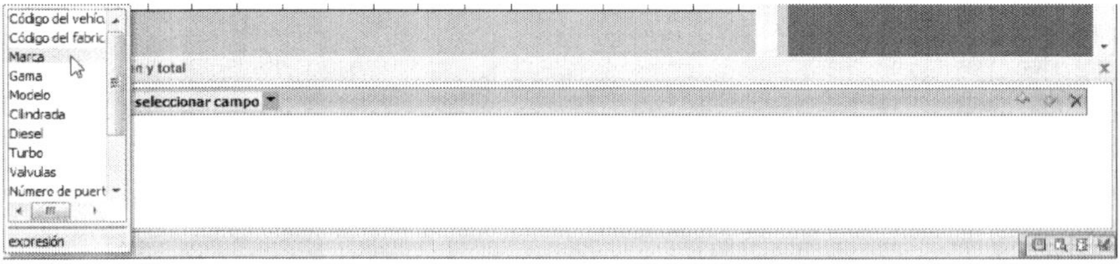

... y se selecciona el campo a agrupar.

4. **Detalle**. Todo aquello que se coloque en esta sección se repetirá por cada registro de la tabla o consulta. Es el lugar en el que se suelen colocar los campos.

Se puede hacer clic en la barra que separa las secciones y luego arrastrar desde su borde para ampliar o reducir su tamaño.

Objetos de control y propiedades

También en los informes se pueden añadir elementos de control (de forma idéntica a la descrita en los formularios) y modificar sus propiedades.

Sin embargo, hay que puntualizar que la mayoría de los objetos de formulario no se emplean habitualmente en un informe, puesto que el destino habitual de informe es el papel y ahí no funcionan (por ejemplo, en el papel no podemos desplegar una lista desplegable). No obstante, algunos como los cuadros de texto o las casillas de verificación sí que pueden tener su utilidad en los informes.

Por ejemplo, los cuadros de texto son los recipientes idóneos para colocar en ellos fórmulas que tomen valores de los campos del informe, los procesen y muestren el resultado. El procedimiento para realizar trabajos de este tipo es el mismo que hemos detallado en los formularios, por lo que le sugerimos que lo revise de nuevo si desea recordarlo.

ABRIR INFORMES

Para abrir un formulario se accede a su sección en el panel de exploración, se despliega su menú y se selecciona **Informes**.

En la lista aparecerán todos los que contenga la base de datos. Para abrir uno se hace doble clic en él, aunque, si lo que se necesita es modificar a mano las características de un formulario, se hace clic con el botón derecho del ratón en él y, en el menú que aparece, se selecciona **Vista diseño**.

DESPLAZAMIENTO A TRAVÉS DE INFORMES

Cuando se abre un informe se dispone de varios elementos en la parte inferior que permiten desplazarse a través de los distintos registros de la tabla o consulta asociada al informe.

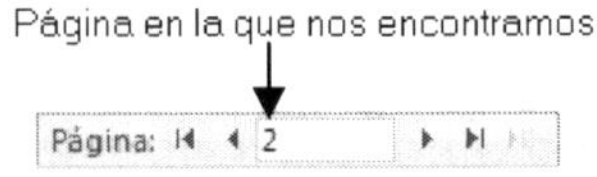

1. En el cuadro de texto de la página en el que nos encontramos podemos teclear el número de aquella a la que queremos acceder y pulsar **INTRO**. Si tecleamos un valor más alto que el del número total de páginas, nos llevará a la última del informe.

2. El botón nos lleva a la primera página del informe.

3. El botón nos lleva a la página anterior.

4. El botón nos lleva a la página siguiente.

5. El botón nos lleva a la última página del informe.

CERRAR INFORMES

Cuando cierre un informe de cualquier clase después de haberle aplicado cambios, Access le preguntará si desea grabarlo en la base de datos mediante el siguiente cuadro:

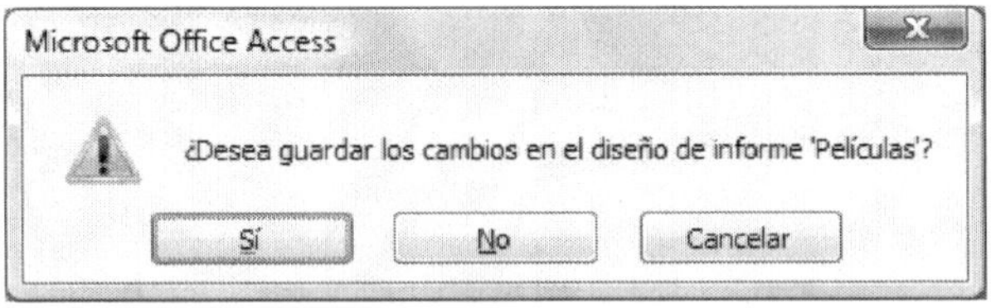

Si se pulsa en Sí, Access requerirá un nombre para el informe mediante otro cuadro de diálogo.

EJERCICIOS

I) Informes con el asistente

1. Abra la base de datos *Automóviles*.
2. Realice un listado de la tabla *Vehículos* mediante un informe.
3. Realice un informe automático de la tabla *Fabricantes*.
4. Diseñe una consulta que muestre los datos completos de los clientes y genere un informe con él. Recuerde no incluir el campo *Número de cliente* de la tabla *Datos de clientes* para evitar repetirlo. Recuerde también que puede modificar el informe una vez terminado mediante el modo **Vista diseño**, cambiando así, tipos de letra, colores, posición de los campos, etc.

II) Etiquetas postales

1. Abra la base de datos *Automóviles*.
2. Diseñe una consulta de fabricantes que no tengan correo electrónico y genere un informe de etiquetas postales con ella.

   Detalles:

   - Deberá emplear etiquetas adecuadas para sobres (las que guste).
   - Seleccione un tipo de letra, color y tamaño que resulten bien legibles.
   - Añada a la etiqueta los campos *Marca*, *Dirección*, *Código postal* y *País*.
   - Ordene la lista de etiquetas por *Marca*.

CAPÍTULO 5

HERRAMIENTAS MÁS ÚTILES DE ACCESS

Como complemento a todo lo que se ha detallado hasta ahora, se dispone de ciertas funciones que Access proporciona para hacernos llevadero el trabajo con él.

DESHACER

Access permite anular la última operación realizada. Puede utilizarse para casos en los que, por equivocación, se realice algo incorrecto o no satisfactorio. En ese caso se pulsa el botón  de la barra de herramientas de acceso rápido. Al hacerlo, lo último que se haya hecho será anulado como si nunca se hubiese realizado.

Existen ciertas acciones que Access no puede deshacer. Si se encuentra ante una de ellas, podrá observar que el botón de deshacer se muestra en gris, es decir, desactivado, por lo que no podrá utilizarlo en ese momento para deshacer la última operación que haya realizado.

EL BOTÓN DERECHO DEL RATÓN

En Access existe la posibilidad de acceder rápidamente a las funciones más comunes relacionadas con un elemento pulsando el botón derecho del ratón sobre él (recuerde que si es zurdo y así lo ha hecho notar a Windows, en su caso será el botón izquierdo).

Si se hace clic con el botón derecho del ratón en un dato de una tabla abierta, se obtiene un pequeño menú en el que podremos seleccionar opciones relacionadas con los registros.

Igualmente se puede utilizar el botón derecho sobre cualquier elemento de la base de datos (tabla, consulta, etc.) o, como ya hemos visto anteriormente, en elementos que no pertenezcan a la información que se diseña, por ejemplo, sobre las barras de herramientas.

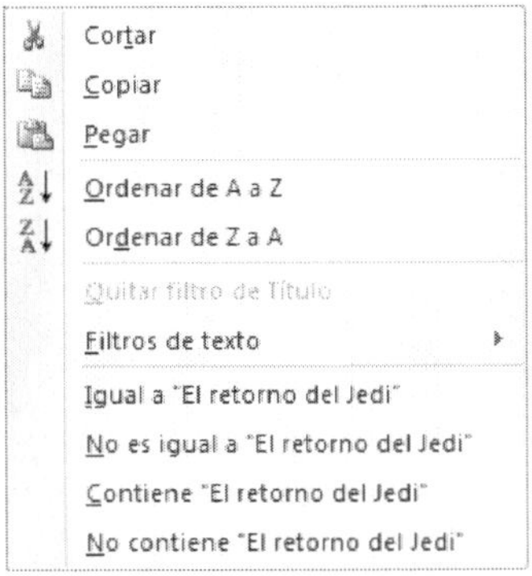

Por ejemplo, al pulsar el botón derecho del ratón sobre datos de una tabla, obtendrá el menú que puede verse junto al margen.

Con él se podrán utilizar las funciones del portapapeles sobre los datos elegidos (con **Cortar**, **Copiar** o **Pegar**), así como reordenar la lista de registros (**Ordenar de A a Z** y **Ordenar de Z a A**) o utilizar los filtros (de los que hablaremos en seguida en este mismo capítulo).

PORTAPAPELES CON ACCESS

En Access el trabajo con las funciones del portapapeles (**Cortar**, **Copiar** y **Pegar**) resulta algo peculiar.

Windows ofrece esta función de intercambio de datos entre aplicaciones o dentro del mismo programa y, gracias a ella, Access permite marcar datos de cualquier elemento de una base de datos y operar con ellos. Con los datos seleccionados se pueden realizar varias operaciones.

Pero lo primero es seleccionar los datos que vamos a utilizar con el portapapeles. Para seleccionar datos, el algoritmo es siempre el mismo. Antes que nada se marca el bloque de datos con las teclas definidas para ello y, de este modo, se indica qué datos se van a utilizar. Una vez hecho esto, se pone en marcha la acción que deseamos llevar a cabo con ellos.

En el caso de las tablas podemos seleccionar un registro completo pulsando sobre la cabecera que aparece a su izquierda.

Se hace clic en la cabecera...

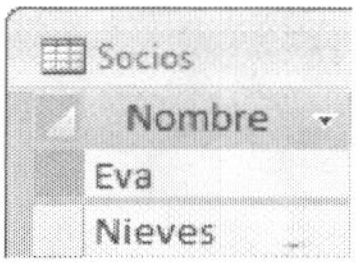

... y queda seleccionado

Si se quieren elegir varios registros, deberemos pulsar sobre uno y sin soltar el botón del ratón llevarlo hasta el último que desea marcarse:

Antes de pulsar

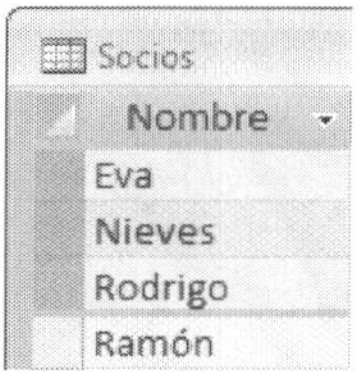

Después de pulsar y arrastrar

Después de haber seleccionado los datos hemos de pulsar una nueva combinación de teclas para seleccionar la acción:

1. **Cortar**. Esta opción se utiliza para mover información, quitándola de donde esté para llevarla posteriormente a otro lugar. Se lleva a cabo con el botón  del grupo **Portapapeles** en la ficha **Inicio** de la cinta de opciones. El trabajo se complementa accediendo al lugar de destino y pulsando el botón **Pegar** que se encuentra en el mismo sitio. 

2. **Copiar**. Esta opción se utiliza para duplicar información, dejando una copia donde esté y llevando otra posteriormente a otro lugar. Se lleva a cabo con el botón  del grupo **Portapapeles** en la ficha **Inicio** de la cinta de opciones. El trabajo se complementa accediendo al lugar de destino y pulsando el botón **Pegar** que se encuentra en el mismo sitio. 

3. **Borrar**. Hace desaparecer el bloque marcado. Para llevarla a cabo, se pulsa la tecla Suprimir (**SUPR**) una vez que hayamos seleccionado el bloque.

Copiar y mover tablas de una base de datos a otra

Es posible trasladar tablas de una base de datos a otra, ya sea moviéndolas y eliminándolas de la base de datos original, o duplicándolas en otra base de datos (o en la misma).

1. Se selecciona una tabla en la ventana de base de datos.

2. Se pulsa el botón  del grupo **Portapapeles** en la ficha **Inicio** de la cinta de opciones; así, si lo que deseamos es mover la tabla de una base a otra, emplearíamos el botón  en su lugar.

3. Se abre la base de datos en la que vayamos a alojar la copia de la tabla. Este paso no es necesario si la tabla se va a duplicar en la misma base de datos.

4. Se pulsa el botón **Pegar** que se encuentra junto a los de copiar y pegar.

Hasta aquí es el mismo proceso que hemos empleado siempre para el uso de las funciones del portapapeles. Ahora bien, cuando se pega una tabla en una base de datos aparece un cuadro de diálogo como el siguiente:

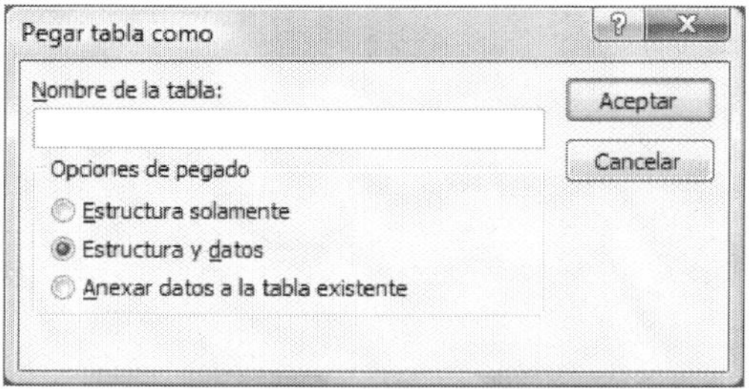

En este cuadro se da nombre a la copia de la tabla (en **Nombre de la tabla**) y se elige si se va a copiar la tabla sin sus datos (**Estructura solamente**), con ellos (**Estructura y datos**), o si esos datos deberán añadirse a los de otra cuyo nombre hay que especificar (**Anexar datos a la tabla existente**).

CORRECTOR ORTOGRÁFICO

Access puede comprobar el texto escrito, deteniéndose en aquella palabra que no figure en su diccionario (en principio porque ésta no estará bien escrita) y proporcionando una lista de posibles palabras correctas, de las cuales habremos de seleccionar la adecuada (si la hay) para sustituirla por la errónea.

Para activar el corrector se accede a la ficha **Inicio**. En su grupo **Registros** se pulsa el botón Revisión ortográfica. Si éste encuentra una palabra escrita incorrectamente, aparecerá un cuadro de diálogo (puede verlo en la página siguiente). En él, el cuadro de texto **No está en el diccionario** muestra la palabra que es posiblemente incorrecta. Ahí mismo se puede escribir otra que la sustituya en caso de que en la lista de **Sugerencias** no aparezca ninguna adecuada. Por el contrario, si alguna de las que aparecen es aceptable, se hace clic en ella y se pulsa el botón Cambiar. Más aún, si en su lugar se pulsa Cambiar todo, el corrector intercambiará ambas palabras en todo el texto.

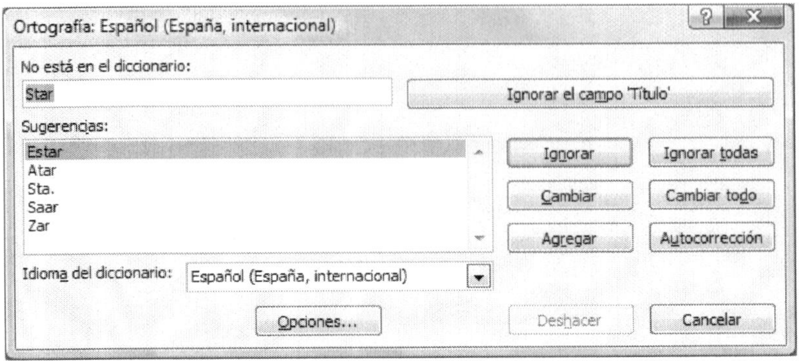

Puede darse el caso de que el corrector ofrezca como errónea una palabra bien escrita ortográficamente debido a que ésta no conste en el diccionario de palabras del idioma que se esté empleando, en cuyo caso, disponemos de varias posibilidades:

1. Ignorar acepta como válida la palabra en cuestión, pero se detendrá de nuevo si vuelve a encontrarla.

2. Ignorar todas acepta como válida la palabra en todo el texto (pero sólo en el documento en el que se encuentre, mientras no se cierre).

3. El botón Ignorar el campo 'Título' ignorará la columna del campo en cuestión (en nuestro ejemplo el campo *Título*). Suele emplearse en campos cuyo contenido sea conflictivo para el corrector como, por ejemplo, campos clave construidos con letras o letras y números.

4. Si pulsa el botón Agregar, la palabra supuestamente incorrecta se añadirá al diccionario (no al diccionario general sino a un diccionario personalizado). De ese modo, siempre que el corrector la encuentre de nuevo en cualquier texto será aceptada, al igual que el resto de las que ya estaban en el diccionario.

El sistema de corrección ortográfica también contempla el caso en el que se hayan escrito en el texto dos palabras iguales seguidas. En este caso, el corrector también se detendrá informándonos de ello, y en el cuadro de diálogo obtendremos que el botón Cambiar es sustituido por Eliminar, que borra automáticamente la segunda de las dos palabras repetidas.

Para terminar con el cuadro de diálogo del corrector ortográfico tenemos dos elementos con otras tantas funciones:

- El botón Autocorrección lleva a otro cuadro de diálogo en el que se puede modificar el sistema de corrección de texto según se escribe. Este tema lo detallamos enseguida.

- El botón Opciones... se emplea para establecer información relativa al diccionario y la corrección en general, como, por ejemplo, la selección del diccionario al que irán a parar las palabras que se añadan mediante el botón Agregar. El diccionario al que van a parar estas palabras, por defecto, es PERSONAL.DIC.

AUTOCORRECCIÓN

La autocorrección se encarga de comprobar aquellas palabras en las que es más frecuente equivocarse al teclear según las escribimos, de modo que si es así, la palabra errónea se corregirá automáticamente. Esta función actúa según escribimos, como ya hemos dicho, por lo que si existía anteriormente en el libro alguno de los casos que vamos a exponer, **no serán corregidos**, ya que sólo se ejecutará la corrección automática a partir del momento en que ésta se active.

Para activar esta función, desplegamos el botón de Office, y pulsamos el botón Opciones de Access, que nos ofrecerá un cuadro de diálogo. En él accedemos a la categoría **Revisión** y pulsamos el botón Opciones de Autocorrección... . Éste lleva al cuadro de diálogo con el que se administra la autocorrección (puede verlo en la página siguiente):

1. **COrregir DOs MAyúsculas SEguidas**. Un error tipográfico bastante común es comenzar a escribir una palabra tecleando con mayúsculas sus dos primeras letras. Si lo hacemos así y tenemos activada esta casilla, el autocorrector pasará a minúsculas automáticamente la segunda de ambas letras.

2. **Poner en mayúscula la primera letra de una oración**, como es de esperar, escribe automáticamente en mayúsculas la primera letra que se escriba en cada frase.

3. **Poner en mayúscula los nombres de días** cambia la primera letra de texto de cualquier día de la semana que tecleemos.

4. **Corregir el uso accidental de bLOQ mAYÚS**. La tecla Bloq Mayús permite escribir en mayúsculas automáticamente. Pero, si se escribe en este modo y además se pulsa la tecla de mayúsculas, las letras se escriben en minúsculas. El resultado es que el texto aparece al revés de como se pretende. Si se activa esta función, el autocorrector estará atento para corregirlo e, incluso, para desactivar la tecla BLOQ MAYÚS.

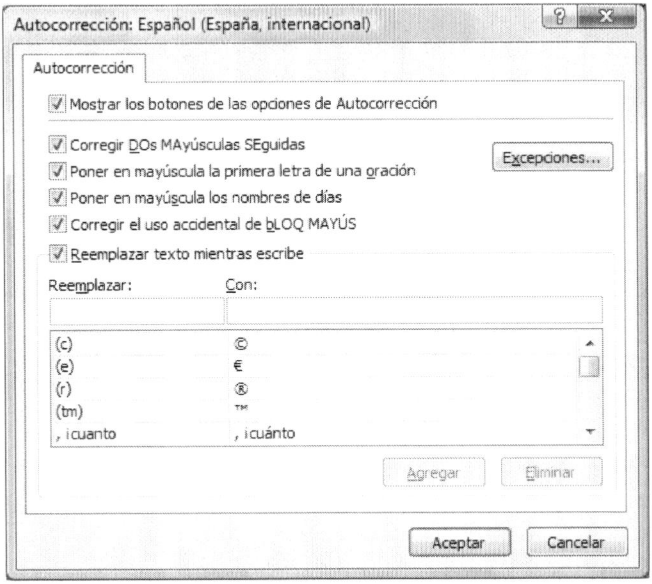

El cuadro de diálogo ofrece esencialmente dos funciones: permitir la modificación de las características del autocorrector y activar y desactivar el autocorrector en sí, así como la posible adición de palabras que pueden autocorregirse. La primera ya está descrita. Veamos ahora la segunda. Para activar el autocorrector hay que mantener activada la casilla de verificación **Reemplazar texto mientras escribe**.

Por otra parte, en el mismo grupo aparece una lista de consulta que contiene todas las palabras o símbolos que serán sustituidos si son mal escritos. A esta lista se le pueden añadir otros que no figuren utilizando los cuadros de texto **Reemplazar:**, para escribir la palabra errónea, y **Con:**, para escribir la palabra correcta que sustituirá automáticamente a la errónea (es necesario pulsar el botón Agregar una vez escritos ambos términos). También se pueden eliminar casos de la lista seleccionándolos y pulsando Eliminar.

Para terminar, el botón Excepciones... permite establecer casos específicos en los que no debe autocorregirse el texto, de modo que todo lo expuesto en este apartado no tendrá efecto para los casos concretos que establezcamos. Cuando se pulsa este botón, aparece un cuadro de diálogo para manejar las excepciones y en él debemos indicar los casos en que no se debe hacer la autocorrección.

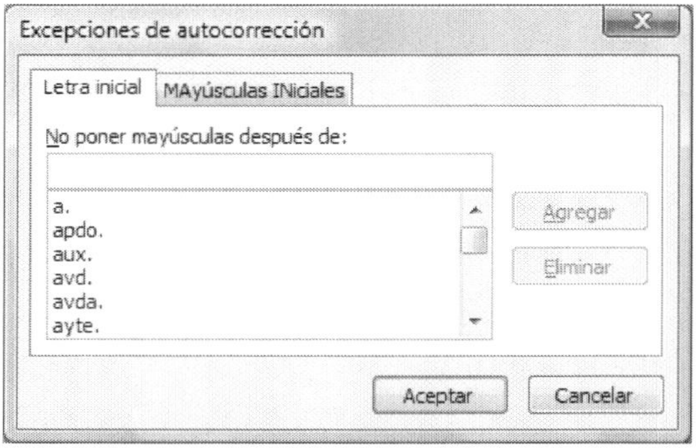

Se escribe la palabra que se desee que no se autocorrija y se pulsa el botón Agregar (esta palabra se añadirá a las que ya pueden verse en la lista). Si por el contrario se necesita borrar una excepción, se hace clic en ella y se pulsa Eliminar.

Puede emplearse el autocorrector como un sencillo sistema de abreviaturas. Si necesita escribir una palabra larga frecuentemente, acceda al autocorrector y teclee la palabra abreviada en el cuadro de texto **Reemplazar** y la palabra completa en el cuadro de texto **Con**. A partir de entonces al escribir la palabra abreviada, el autocorrector la cambiará por la palabra completa automáticamente. Por ejemplo, si necesitáramos escribir en un texto la palabra *Otorrinolaringólogo*, podemos teclear *Ot* en **Reemplazar** y *Otorrinolaringólogo* en **Con**. Desde ese momento, al teclear *Ot*, el autocorrector lo cambiará por *Otorrinolaringólogo* automáticamente.

BÚSQUEDA DE DATOS

Con esta función se pueden localizar datos en una tabla; sin embargo, el proceso para encontrar datos en cualquier otro elemento de la base de datos es rigurosamente similar. Para ello, se pulsa el botón **Buscar** del grupo que tiene el mismo nombre en la ficha **Inicio** de la cinta de opciones. Se obtiene el siguiente cuadro:

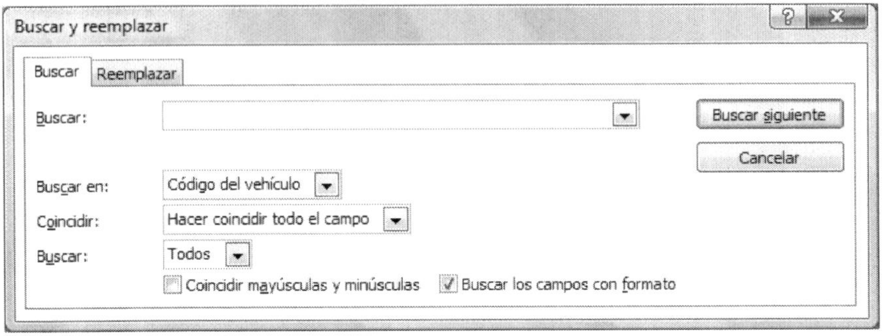

1. En la lista desplegable **Buscar** se escriben los caracteres que se buscan. Si ya se han escrito algunos para buscar con anterioridad, aparecen ya escritos y no será necesario reescribirlos para su búsqueda. Si Access encuentra alguna celda de la tabla que contiene el dato en cuestión, se situará sobre ella para que se pueda trabajar con el dato.

2. El botón 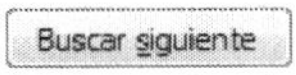 se emplea para comenzar la búsqueda de nuevo. Se puede buscar el mismo dato en el resto de la tabla pulsando el botón más veces.

3. La lista **Buscar en** se utiliza para indicar si se va a buscar sólo en el campo en el que se encuentre, o bien, en toda la tabla.

4. La lista **Coincidir** permite establecer en qué parte del campo se encuentra el dato que se intenta localizar:

   - **Cualquier parte del campo** especifica que Access se detenga si el dato forma parte del dato total que haya en el campo.

   - **Hacer coincidir todo el campo**. Con esta opción, Access sólo se detendrá si el dato que se busca conforma él solo el campo en que se encuentre.

- **Comienzo del campo**. Funciona igual que la opción *Cualquier parte del campo*, salvo que el dato debe encontrarse al principio del campo, si se encuentra.

5. Es posible indicar la dirección global hacia la que deseamos buscar los datos. Inicialmente, el botón [Buscar siguiente] busca desde la celda en que se encuentre hacia el final de la tabla, pero se puede buscar en otras direcciones. Para ello, se despliega la lista **Buscar** (la de la parte inferior del cuadro de diálogo) que proporciona tres posibilidades:

   - **Arriba**, que busca desde la posición actual hasta el principio de la tabla.

   - **Abajo**, que busca desde la posición actual hasta el final de la tabla.

   - **Todos**, que busca en todos los campos de la tabla, tanto en los que haya arriba como en los que se encuentren abajo.

6. Puede buscarse el texto (si es texto lo que se busca) tal y como se haya escrito indicando que se diferencie entre mayúsculas y minúsculas. Al activar la casilla **Coincidir mayúsculas y minúsculas** se obliga a Access a detenerse en el dato únicamente si coincide no sólo en cuanto a contenido sino también, letra por letra, en sus mayúsculas y minúsculas.

7. La casilla **Buscar los campos con formato** establece que se buscará también en los campos que tengan algún tipo de formato especial. Por ejemplo, aquellos campos que contengan una fecha con formato específico, o los que contengan datos numéricos con formato monetario.

REEMPLAZO AUTOMÁTICO DE DATOS

Se pueden reemplazar automáticamente varios datos (iguales) de una tabla. Para ello se pulsa el botón  del grupo **Buscar** en la ficha **Inicio** de la cinta de opciones. También se puede acceder activando la ficha **Reemplazar** en el cuadro de búsqueda. En cualquiera de ambos casos, se obtiene un cuadro de diálogo similar al que aparece al solicitar una búsqueda, pero con ciertos cambios:

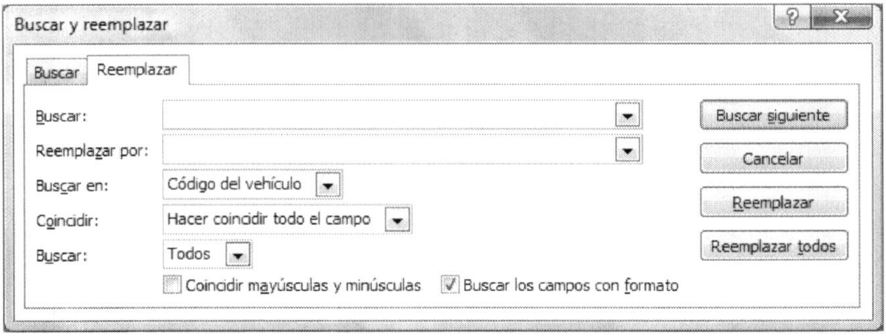

1. Como puede observarse, el cuadro es similar al utilizado para las búsquedas, con la diferencia de que se añade el cuadro de texto **Reemplazar por**, en el que se especifica la palabra (o dato) que sustituirá a la que se ha escrito en el cuadro de texto **Buscar**.

2. Llegado a este punto existen tres posibilidades:

   - Utilizar el botón Buscar siguiente, con lo que Access llevará a la palabra que se busca. Si se vuelve a pulsar el botón, Access dejará como estaba el dato que se encontró, volviendo a buscarlo en otros lugares de la tabla.

   - Utilizar el botón Reemplazar, para que, al pulsarlo, la palabra que se busca sea reemplazada y se localice la siguiente.

   - Utilizar el botón Reemplazar todos, con lo que Access sustituirá el texto que se busca en la totalidad de la tabla automáticamente. Esta función no pide ningún tipo de confirmación, de modo que, al pulsar el botón, se reemplaza en todos los sitios en los que se encuentre.

FILTROS

Cuando se encuentre en una tabla o una consulta, puede filtrar ciertos datos para que sólo aparezcan los que cumplan una condición. Ciertamente el resultado es similar al de las consultas, pero un filtro, mucho más simple, se activa y se desactiva con facilidad, con lo que podemos acceder rápidamente a ciertos datos que nos interesen en un momento determinado.

El filtro no se graba ni almacena en modo alguno en la base de datos, por lo que una vez que se aprecian sus resultados, desaparecen.

Para aplicar un filtro se abre una tabla o una consulta desde el panel de exploración y se utiliza el grupo **Ordenar y filtrar** de la ficha **Inicio** que podemos encontrar en la cinta de opciones.

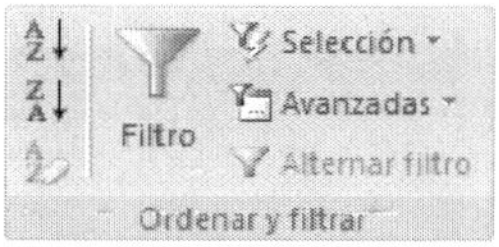

- **Filtro**. Al pulsar este botón se despliega un menú desde el dato del campo en el que nos encontremos para emplearlo en el filtro:

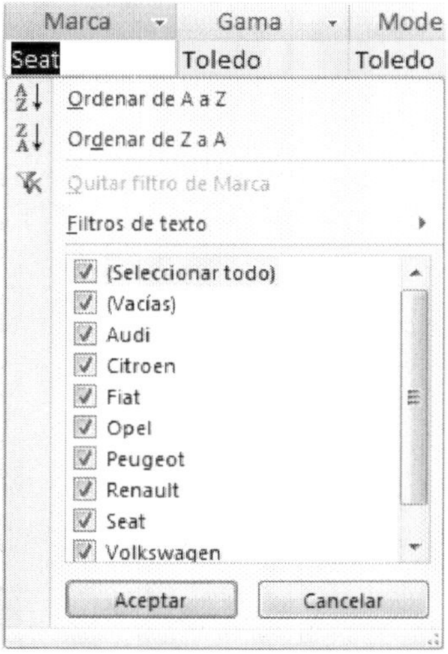

Este menú permite ordenar los datos de la tabla con sus dos primeras opciones. También permite activar y desactivar las casillas de aquellos datos del campo que se desean mostrar o no, respectivamente, aplicando así el filtro.

Cuando se pulsa el botón 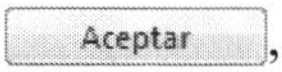, los datos cuyas casillas se hayan mantenido activadas se ven en la tabla, no así las que hayamos desactivado.

Esta situación es temporal, ya que al pulsar el botón 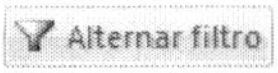 se vuelve a mostrar la tabla completa. Este botón puede pulsarse de nuevo para aplicar el último filtro empleado en la tabla.

- 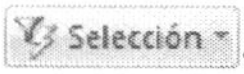. Despliega una lista de filtros posibles que coincidan (**Igual a…**), que no coincidan (**No es igual a…**), que lleven en alguna parte de su contenido (**Contiene…**) o no (**No contiene…**) el dato en el que estemos posicionados en la tabla. Puede ver un ejemplo junto al margen.

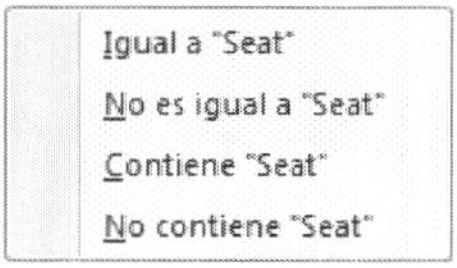

- Avanzadas. Despliega varios tipos avanzados de formulario y otras funciones de trabajo con ellos:

- **Borrar todos los filtros** los elimina de forma que ya no reducen la lista de datos de la tabla.

- **Filtro por formulario**. Esta opción permite desplegar cualquier campo de la tabla para que elijamos un dato en él. Access reducirá la lista de registros mostrando únicamente aquellos en los que, en ese campo, aparezca el dato elegido al desplegar la lista. Ejemplo:

Si, una vez activada la opción **Filtro por formulario**, se despliega el campo **Marca**, se elige *Seat* y se pulsa el botón Alternar filtro se obtiene una relación de registros que contienen como marca *Seat* exclusivamente.

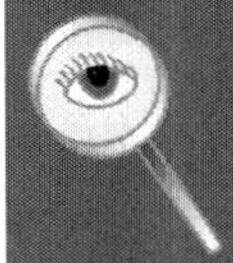

No tenemos por qué limitarnos a desplegar un solo campo para el filtro: antes de activarlo podemos desplegar otros campos para elegir más datos que limiten aún más el resultado que deberá mostrar el filtro. Por ejemplo, además de la marca *Seat*, podemos elegir la cilindrada *1900* y *Diesel* para que se muestren sólo los vehículos de marca *Seat* que tengan una cilindrada de *1900 c.c.* y que sean *Diesel*.

- **Aplicar filtro u ordenar**. Tiene la misma función que el botón Alternar filtro.

- **Filtro avanzado/Ordenar**. Ofrece una ventana de trabajo idéntica a la de las consultas para que podamos filtrar los datos mediante el mismo método que utilizaríamos para crear una consulta (si lo desea, consulte el apartado *Consultas en modo Vista Diseño* para recordar su manejo y todas las funciones que en ellas hay para poder aplicarlas igualmente a los filtros de este tipo):

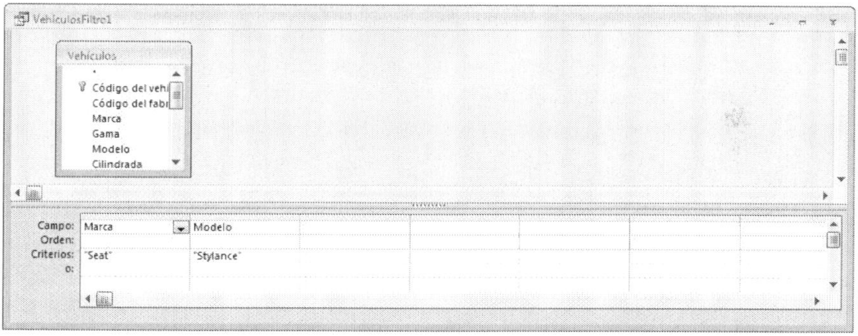

Los datos de una tabla o consulta pueden ordenarse de forma rápida y sencilla mediante los botones y del mismo grupo **Ordenar y filtrar** de la cinta de opciones. Sólo hay que situarse en la columna de la tabla que se desea ordenar y pulsar uno de los dos, dependiendo de si se desea una clasificación ascendente o descendente. El botón anula la ordenación de los datos, dejándolos como estaban originalmente.

IMPRIMIR DATOS

La fase de impresión de datos es un proceso idéntico para cada elemento de la base de datos, si bien el resultado será obviamente diferente: si elegimos una tabla y activamos la impresión, el resultado será, naturalmente, una tabla (si antes de imprimir hemos hecho doble clic en una en el panel de exploración), mientras que si elegimos un informe y lo imprimimos, obtendremos en la página el informe correspondiente.

> La función de imprimir resulta muy importante en los **Informes**, ya que un informe suele estar destinado a la impresora para obtener en papel los resultados que se hayan extraído de una tabla o una consulta.

Para imprimir cualquier parte de una base de datos, bastará con abrir el elemento en cuestión mediante el panel de exploración, desplegar el botón de Office y activar la opción **Imprimir**. Al realizar esta acción, obtenemos en pantalla un cuadro de diálogo con los datos necesarios para imprimir:

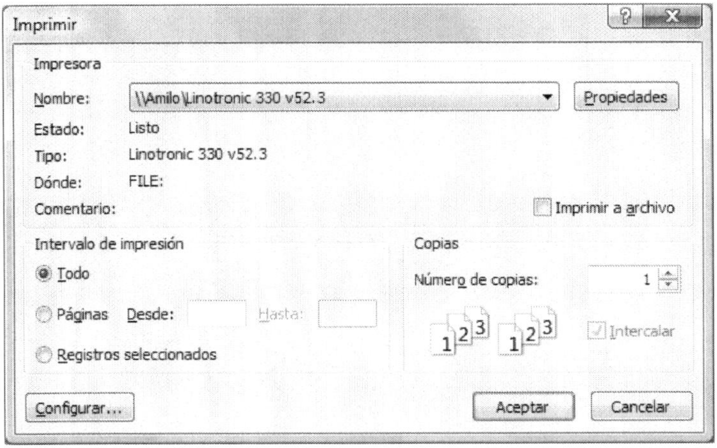

Como decíamos, este cuadro es el mismo para todos los elementos de la base de datos, aunque no así los resultados.

1. **Todo**: imprime el elemento completo (toda la tabla, el formulario, etc.).

2. **Páginas**: con este botón imprimiremos algunas páginas del elemento elegido en lugar de todas. Para ello, establezca en el cuadro de texto **desde** la primera hoja que vaya a imprimir y en **hasta** la última.

3. **Registros seleccionados**: imprime sólo los datos que se hayan seleccionado previamente (varios registros, algunas páginas del informe, etc.). Para más información sobre la selección de datos consulte el apartado *Portapapeles con Access* en este mismo capítulo.

4. **Imprimir a archivo**: si se activa este botón, Access reproducirá en un archivo del disco lo mismo que aparecería por la impresora. Si utiliza este dato, será necesario escribir un nombre para el archivo.

5. **Número de copias**: establece el número de ejemplares que se obtendrán impresos. Utilícelo si desea imprimir varias copias del mismo elemento.

6. **Intercalar**: si se establecen varias copias (con la opción anterior), podrán intercalarse o no, activando el botón que posee este nombre. Si las copias se intercalan, aparecerá la primera copia completa del texto que se imprime, a continuación, la segunda, etc. Si no se intercalan, Access imprime la primera página del documento tantas veces como sea necesario, después, la segunda página, etc., hasta llegar al final del documento.

7. Propiedades: utilice este botón cuando desee modificar las características de impresión. El cuadro de diálogo que aparece muestra ciertas funciones que dependen enteramente de la impresora que se tenga conectada al equipo. Pero, en general, estas funciones son: modificar la calidad de impresión, la orientación del papel, el tamaño de las hojas, etc.

8. Cuando haya terminado de seleccionar los datos necesarios, pulse el botón Aceptar para que la impresión se ponga en marcha.

ELIMINAR ELEMENTOS DE LA VENTANA DE BASE DE DATOS

Si una tabla, consulta, informe, formulario, etc. se vuelve innecesario, lo mejor es eliminarlo de la base de datos. Para ello, se selecciona el elemento en la ventana de base de datos y se pulsa la tecla **Supr** (o el botón ✕ Eliminar del grupo **Registros** de la ficha **Inicio** en la cinta de opciones).

Antes de eliminar el elemento, Access pedirá confirmación del borrado mediante un cuadro de diálogo.

CAMBIAR DE NOMBRE A LOS ELEMENTOS DE UNA BASE DE DATOS

Si el nombre de un elemento de la base de datos no es correcto, puede cambiarse por otro mediante la tecla **F2** o bien, mediante el botón derecho del ratón, seleccionando **Cambiar nombre** en el menú que ofrece.

Aparecerá el cursor de texto en el nombre del elemento para que se pueda modificar directamente en ese sitio. Se pulsa **INTRO** cuando se termina.

COMPACTAR Y REPARAR BASES DE DATOS

Con todos los cambios que se realizan en una base de datos, el archivo que la contiene en el disco suele plagarse de huecos vacíos que pertenecieron a datos ahora eliminados. Esto provoca que el tamaño del archivo ocupe un espacio artificialmente alto en el disco. Si ese espacio se elimina, el archivo de la base de datos ocuparía menos espacio.

Como se aprecia en la figura anterior, esta operación puede lograrse desde el menú que ofrece el botón de Office, seleccionando las opciones **Administrar** y **Compactar y reparar base de datos**. Esta opción no solicita ningún otro dato, simplemente se pondrá a trabajar para conseguir el objetivo.

Así mismo, si una base de datos está dañada, esa misma opción podría repararla (dependiendo del tipo de daño de la base de datos). Siempre es aconsejable intentar repararla con dicha opción por si puede corregir el error, si bien, realizar antes una copia de seguridad podría ser una buena idea.

FORMATOS PARA LAS TABLAS

Como su propio nombre indica, la opción de formato permite dar forma. En nuestro caso vamos a dar forma a las tablas de una base de datos para que tengan un aspecto a gusto del usuario.

Cuando se abre una tabla para trabajar con su contenido (desde el panel de exploración), aparece el grupo **Fuente** en la ficha **Inicio** de la cinta de opciones. Este grupo tiene varias opciones para darle forma a la tabla.

Tenga presente que las opciones que ofrece este grupo afectan a toda la tabla. Por ejemplo, no servirá de nada seleccionar un par de columnas con la intención de cambiar su tipo de letra porque Access cambiará el tipo de letra de todas las columnas de la tabla a pesar de que haya seleccionado esas dos.

1. Los elementos , ,  y  permiten establecer la fuente, el tamaño, el estilo (negrita, cursiva y subrayado) y el color para el texto de la tabla, respectivamente.

2. Desplegando el botón  (**Líneas de división**) se puede elegir qué bordes de cada celda de la tabla aparecerán dibujadas.

3. Desplegando el botón (**Color de fondo o de relleno alternativo**) se puede elegir un color con el que rellenar las celdas de la tabla.

Además de esas funciones, disponemos de más utilidades para mejorar el aspecto de la tabla:

1. Se puede cambiar la altura de las filas seleccionándolas (tal y como vimos para eliminar registros) y haciendo clic con el botón derecho sobre ellas. En el menú que aparece se selecciona **Alto de fila**. Esta opción le ofrecerá el siguiente cuadro de diálogo:

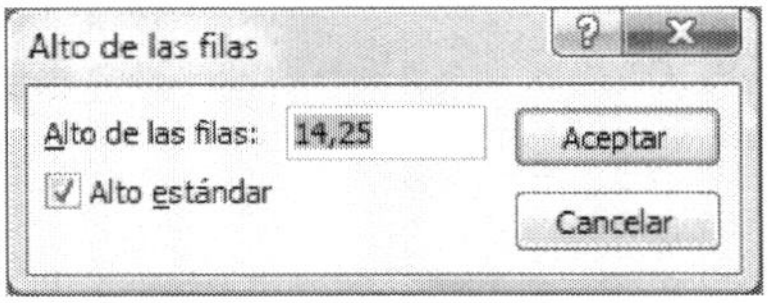

- Establezca la nueva altura con el cuadro de texto **Alto de las filas**.

- Active la casilla **Alto estándar** para establecer la altura original de las tablas.

2. Se puede cambiar la anchura de las columnas seleccionándolas en su cabecera y haciendo clic con el botón derecho sobre ellas. En el menú que aparece se selecciona **Ancho de columna**. Esta opción le ofrecerá el siguiente cuadro de diálogo:

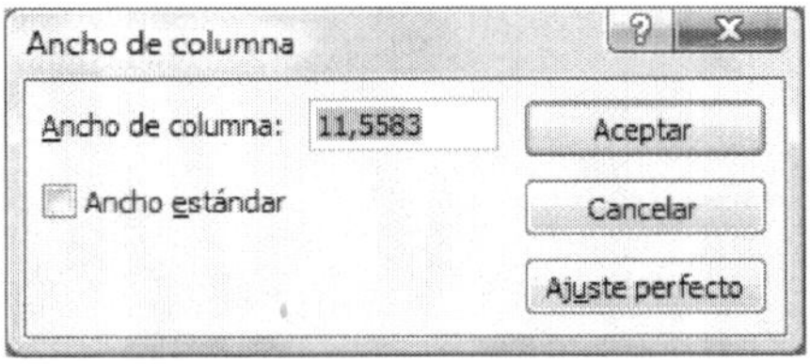

- Establezca la nueva anchura con el cuadro de texto **Ancho de columna**.

- Active la casilla **Ancho estándar** para asignar la anchura original de la tabla.

- El botón Ajuste perfecto ajusta cada columna a su anchura ideal, ampliándola o reduciéndola hasta que encajen perfectamente todos sus datos.

3. Seleccionando las columnas de la tabla y haciendo clic en ellas con el botón derecho del ratón obtenemos un menú en el que encontramos las opciones **Ocultar columnas**, que las esconde, y **Mostrar columnas**, que abre un cuadro de diálogo con el que se pueden volver a mostrar las columnas que hayamos ocultado antes. Para ello ofrece un cuadro de diálogo en el que se muestran todos los campos precedidos de otras tantas casillas de verificación. Sólo será necesario activar o desactivar las casillas de aquellos campos que deseemos mostrar u ocultar, respectivamente. Un ejemplo:

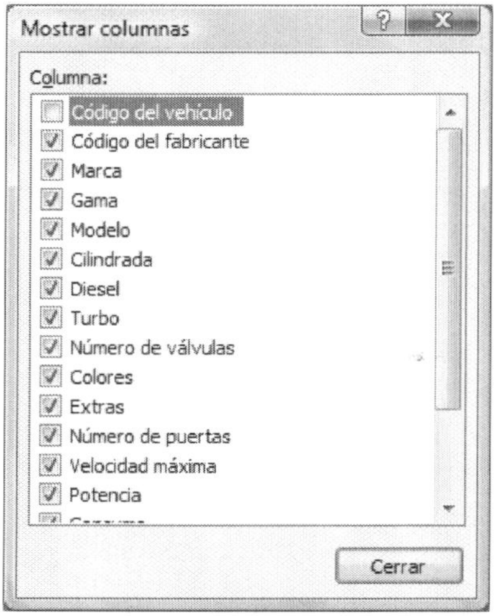

4. En el mismo menú anterior, la opción **Inmovilizar columnas** fija la columna o columnas seleccionadas a la izquierda de la tabla y no podrán moverse a otro lugar entre las demás. Se pueden desbloquear mediante la opción **Liberar todas las columnas** también en ese menú.

Estas últimas funciones pueden aplicarse también desde el botón Más del grupo **Registros** que se encuentra en la ficha **Inicio** de la cinta de opciones.

Hojas secundarias de datos

Cuando una tabla está relacionada con otras, puede resultar interesante que podamos ver de forma ágil y sencilla datos de esas tablas relacionadas desde aquella en la que nos encontramos. Esa tarea la podemos realizar creando hojas secundarias de datos.

Comience por abrir una tabla y observe que a la izquierda de la columna que compone el primer campo aparece una columna con un signo de sumar (+) en cada fila. Se trata del **indicador de expansión** (ya que muestra si la hoja secundaria está o no expandida):

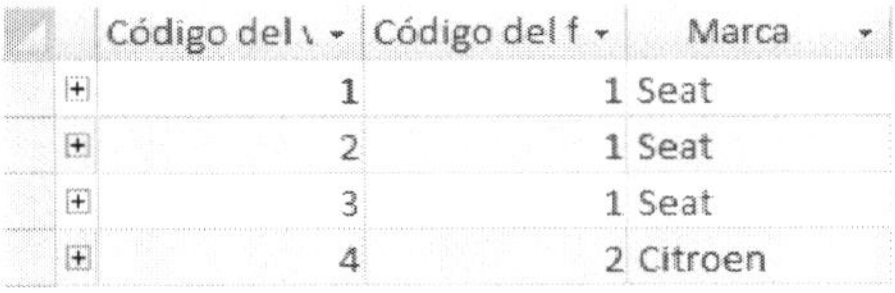

Haga clic en uno de esos indicadores de expansión (+) para crear la nueva hoja de datos. Si la tabla está relacionada con otras dos o más, Access ofrecerá el siguiente cuadro de diálogo:

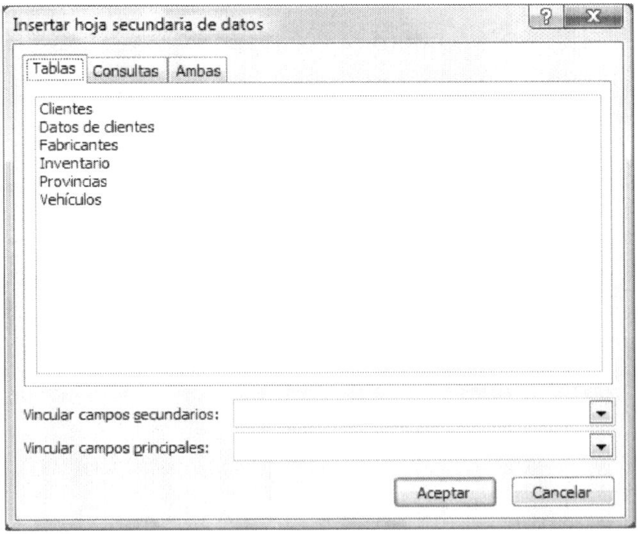

En la lista de tablas (en nuestro ejemplo, *Clientes*, *Datos de clientes*, *Fabricantes*, *Inventario*, *Provincias* y *Vehículos*) debemos elegir aquella cuyos datos deseamos ver en la hoja secundaria. Al hacerlo, podrá elegir los campos que relacionen ambas tablas en las listas **Vincular campos secundarios** y **Vincular campos principales** (normalmente debe ser el mismo campo pero, como vimos en las relaciones, lo importante no es que ambos campos se llamen igual, sino que contengan datos que coincidan). En cuanto acepte el resultado, ambas tablas quedarán vinculadas y podrá ver los datos relacionados de las dos en la misma ventana.

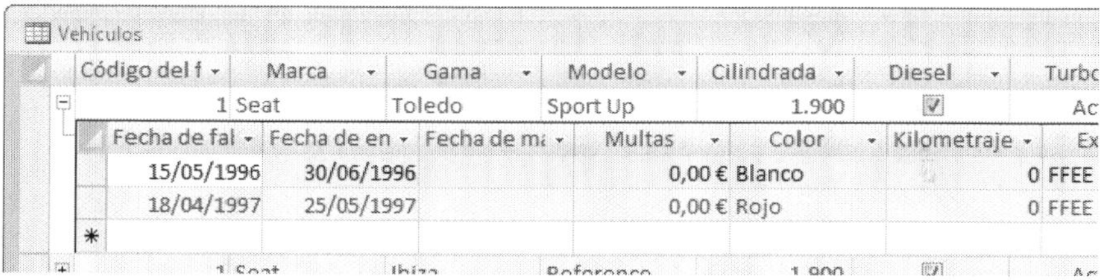

Así, en nuestro ejemplo puede ver que el vehículo *SEAT Toledo* está relacionado con dos unidades del inventario.

Para esa fila (la del *Seat Toledo*) ha cambiado el indicador de expansión (+: que realiza la función de desplegar) y, en su lugar, tenemos uno con el símbolo de restar (-: que realiza la función de contraer). Así pues, haga clic en el nuevo indicador de expansión si desea que desaparezca momentáneamente la hoja secundaria. Bastará con hacer clic de nuevo sobre él (en cualquier fila) para volver a ver sus datos relacionados en una hoja secundaria.

El botón Más del grupo **Registros** (en la ficha **Inicio** de la cinta de opciones) despliega un menú que ofrece, entre otras, la opción **Hoja secundaria de datos**. Se trata de un submenú de cuatro opciones que mostramos junto al margen.

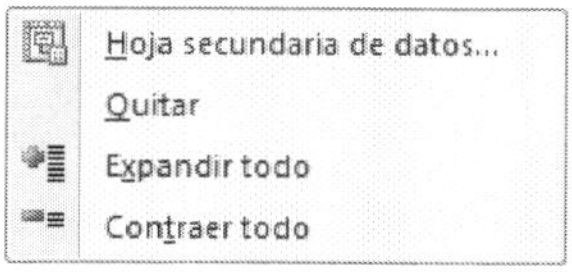

1. **Hoja secundaria de datos** lleva de nuevo al cuadro de diálogo anterior con el que puede elegir otra tabla de la base de datos para que desde ese momento la hoja que se despliegue muestre su contenido.

2. **Quitar** elimina el vínculo entre las tablas. Gracias a él podremos, además, crear un vínculo distinto con otras tablas creando otras hojas secundarias de datos cuando volvamos a hacer clic en el botón +.

3. Con **Expandir todo** se desplegarán todas las filas mostrando sus datos relacionados en hojas secundarias. Es el equivalente de hacer clic en todos los indicadores de expansión de la tabla cuando están en el estado +. Si se emplea esta opción sin haber creado el vínculo entre las tablas, aparecerá el cuadro de diálogo que vimos antes para que podamos crear el vínculo ahora.

4. **Contraer todo** realiza la función inversa, es decir, contrae todas las hojas secundarias. Es el equivalente de hacer clic en todos los indicadores de expansión de la tabla cuando se encuentran en el estado -.

IMPORTAR Y EXPORTAR TABLAS

Una posibilidad que ofrece Access es la de trabajar con tablas de otros sistemas de base de datos, de hoja de cálculo o de texto como dBase, Paradox, Fox Pro, Excel, etc.

Las dos funciones que pueden realizarse con respecto a esto son las importaciones y las exportaciones:

1. Importar consiste en traer a un programa datos de otro utilizando el archivo en que esos datos fueron almacenados. En nuestro caso, Access puede importar tablas de otras bases de datos y de otros programas como hojas de cálculo o procesadores de texto.

2. Exportar es la operación contraria: grabar datos de una tabla de Access como si se estuviesen grabando con otro sistema. El resultado es una tabla con el formato de otro programa.

Las funciones de importar y exportar datos con Access se encuentran en la ficha **Datos externos** de la cinta de opciones.

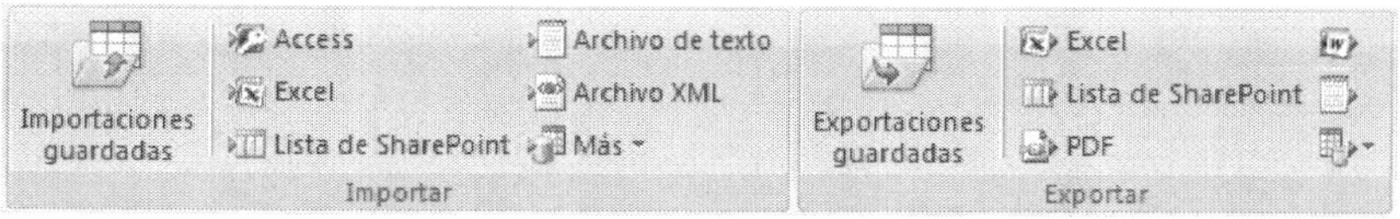

Para importar datos de otro programa, utilizaremos los elementos del grupo **Importar** en el que podemos ver botones con nombres de programas y formatos de archivo (Access, Excel, Archivo de texto, etc.). El botón Más despliega una lista con otros formatos para importar a la base de datos.

Al activar uno de ellos aparece un cuadro de diálogo con el que se establece de dónde proceden los datos que se van a importar y dónde se van a depositar:

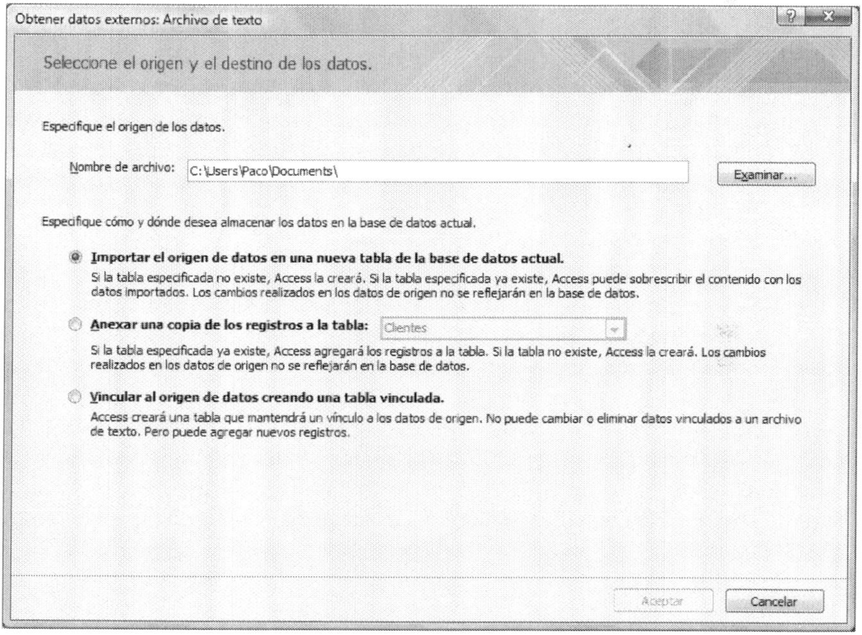

Los botones de opción de este cuadro varían en función del botón que se pulsó para acceder al cuadro de diálogo. Veamos los más comunes:

1. Se utiliza el botón [Examinar...] para localizar el archivo cuyos datos vamos a trasladar a Access.

2. Se opta por el botón **Importar el origen de datos en una nueva tabla de la base de datos actual** para que los datos que se traen a Access lo hagan a una nueva tabla de la base de datos con la que estemos trabajando en ese momento. El sistema lleva a un asistente en el que hay que establecer varios datos: el origen de la información (por ejemplo, la hoja de cálculo de un libro de Excel), si la primera fila contiene los nombres de campo, el tipo de datos de cada columna de información a importar, cuál será la clave principal de la tabla y el nombre que pondremos a esa tabla.

3. Se opta por el botón **Anexar a una copia de los registros a la tabla** para que los datos que se traen a Access se agreguen a una tabla ya existente de la base de datos con la que estemos trabajando en ese momento. El sistema lleva a un asistente en el que hay que establecer: el origen de los datos (por ejemplo, la hoja de cálculo de un libro de Excel), si la primera fila contiene los nombres de campo y el nombre que pondremos a esa tabla. Naturalmente, los datos a importar deben encajar perfectamente en los campos de la tabla que los recibe, de lo contrario, Access no podrá importarlos.

4. Se opta por el botón **Vincular al origen de datos creando una tabla vinculada** para que los datos que se traen a Access lo hagan a una nueva tabla de la base de datos con la que estemos trabajando en ese momento. La nueva tabla no forma realmente parte del contenido de la base de datos, sino que está vinculada a esta y funciona de forma externa. El sistema lleva a un asistente en el que hay que establecer: el origen de los datos (por ejemplo, la hoja de cálculo de un libro de Excel), si la primera fila contiene los nombres de campo y el nombre que pondremos a esa tabla.

En el último paso del asistente de importación, Access pregunta si deseamos guardar los pasos de importación mediante una casilla de verificación. Gracias a ello, podemos repetir la importación más adelante mediante el botón **Importaciones guardadas**. Este botón ofrece una lista de importaciones guardadas para elegir una que deseemos repetir:

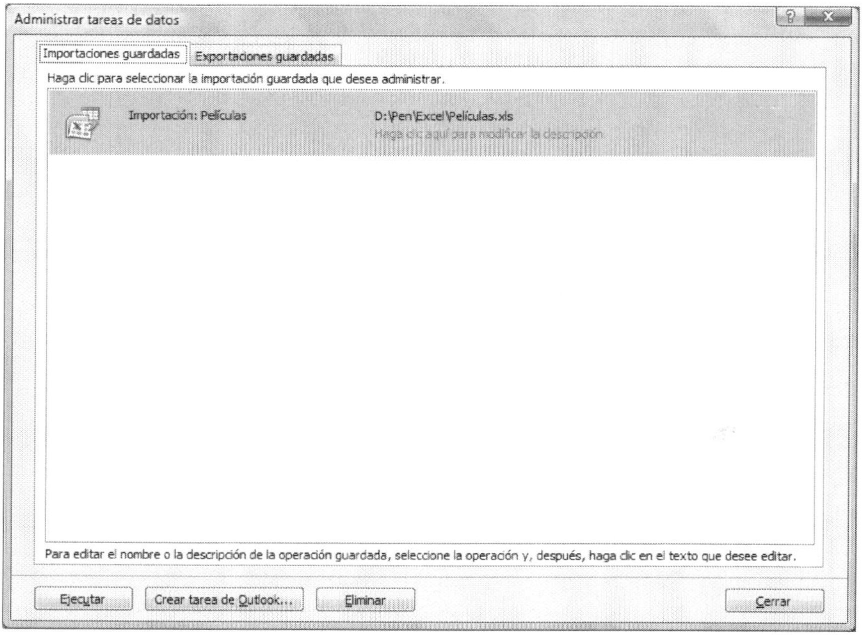

La exportación se realiza de un modo similar, aunque el trabajo se realiza a la inversa, ya que la información original está en Access y se va a llevar a otro sistema.

En primer lugar hay que elegir una tabla de la base de datos en el panel de exploración y después pulsar uno de los botones del grupo **Exportar** en la ficha **Datos** externos de la cinta de opciones. Este grupo contiene varios botones que representan otros programas o formatos con los que Access es capaz de guardar la información de las tablas (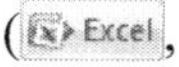, , , etc.).

Al pulsar uno de estos botones se obtiene un cuadro de diálogo muy similar al que se emplea para importar, si bien su contenido contiene funciones especializadas en guardar en el disco información de las tablas de una base de datos en un formato ajeno, como Excel, RTF compatible con Word o formato de texto simple.

El cuadro de diálogo en general tiene un aspecto como el siguiente:

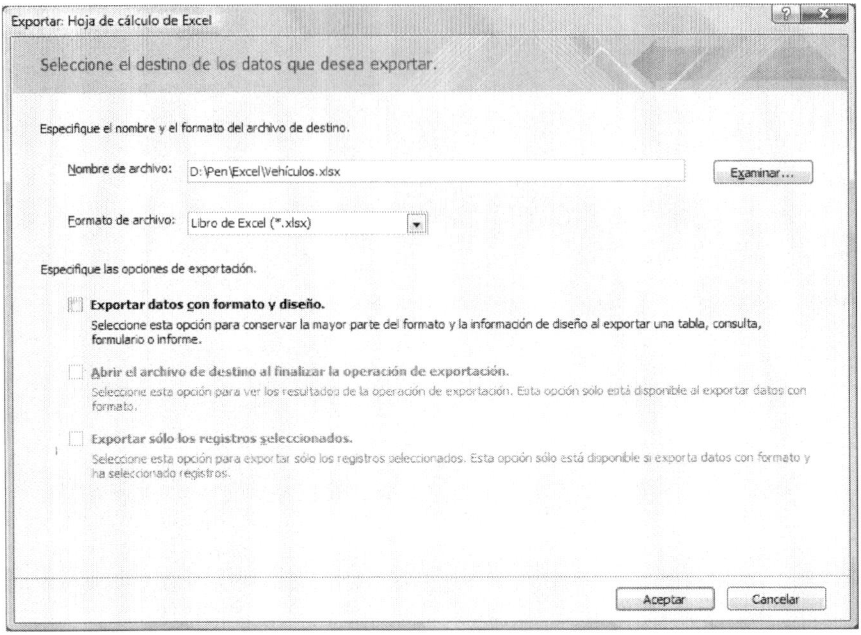

1. Se utiliza el botón Examinar... para localizar una carpeta en la que guardar los datos. En el cuadro **Nombre de archivo** se añade el nombre del archivo en el que se guardarán. Access ya sugiere el de la tabla elegida.

2. La lista desplegable **Formato de archivo** permite elegir la versión del programa o formato con el que se grabarán los datos en el disco.

3. Puede activar las casillas del grupo **Especifique las opciones de exportación** para complementar la exportación con otras funciones interesantes como, por ejemplo, Exportar datos con formato y diseño que se asegura de que los datos se guarden con todos sus formatos de aspecto intacto (fuente, tamaño de letra, color, tipo de dato, etc.), siempre que sea posible (un archivo de texto sencillo no los admite).

En el último paso del asistente, Access pregunta si se desean guardar los pasos de exportación mediante una casilla de verificación. Así, podremos repetir la exportación más adelante mediante el botón **Exportaciones guardadas**, que lleva a un cuadro de diálogo con una lista de exportaciones guardadas para elegir una.

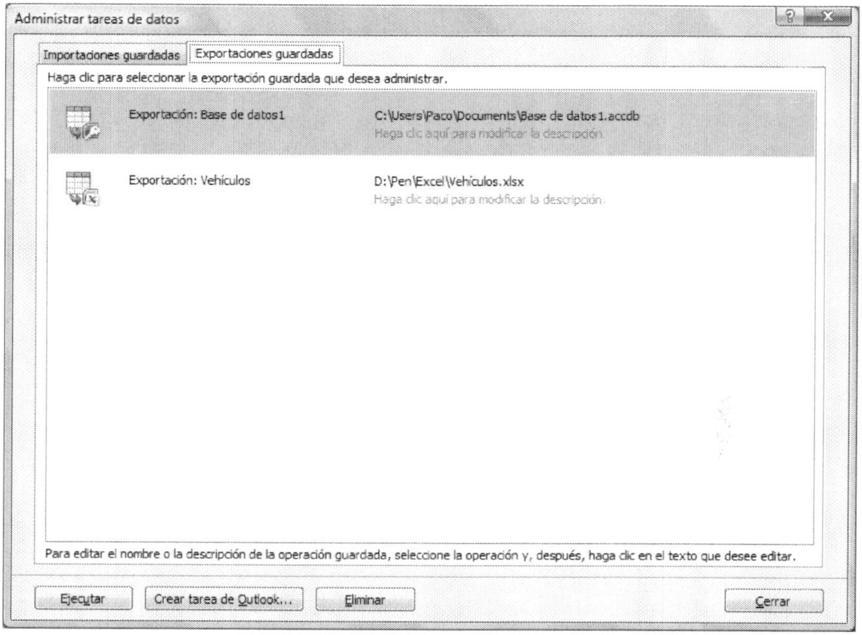

CONVERTIR VERSIONES

Si tiene bases de datos que fueron creadas con la versión 97 o alguna anterior de Access, al intentar abrirlas con la última versión, obtendrá un cuadro de diálogo como el siguiente:

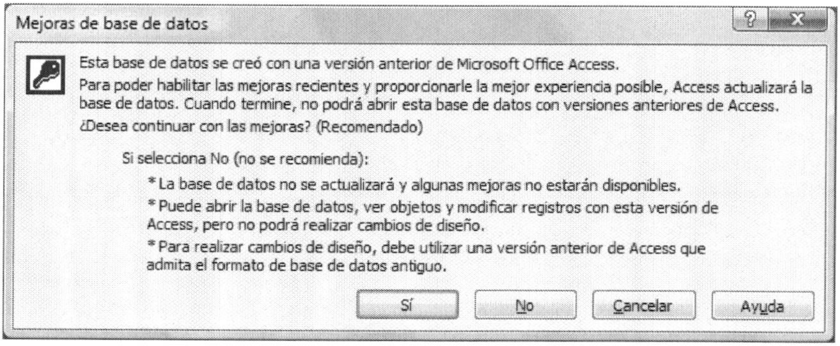

Esto indica que, aunque Access abrirá la base de datos, no podrá grabar los cambios que realice en ella. Sin embargo, se puede actualizar la base de datos a la última versión mediante el botón de Office, desplegando el botón **Guardar como**. Esto, a su vez, ofrecerá otro submenú en el que únicamente tendremos que elegir la versión de Access a la que se desea convertir la base de datos:

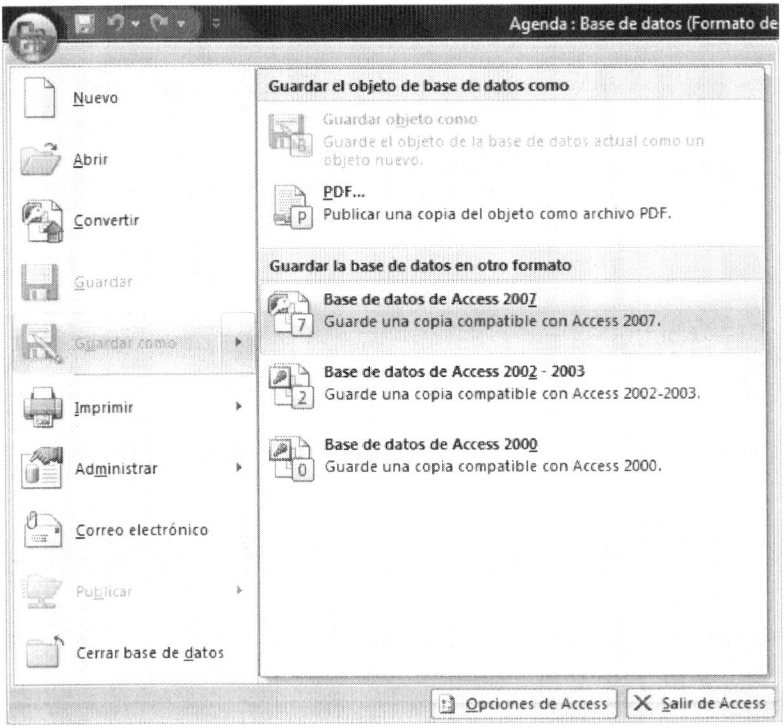

Si necesita transformar una base de datos de una versión moderna de Access al formato de la versión anterior (por ejemplo, Access 2000), sólo tendrá que abrir la base, acceder al menú anterior y elegir dicha versión (**Base de datos de Access 2000**). En cuanto seleccione una de esas opciones, Access le llevará al cuadro de diálogo correspondiente para que indique el nombre que tendrá la nueva base de datos, así como la unidad de disco y la carpeta en la que deberá almacenarse.

EL MODO *VISTA PRELIMINAR*

Existe un modo de saber cómo aparecerá impreso cualquier elemento de la base de datos antes de pasarlo a imprimir.

Para activar ese modo se abre el elemento (tabla, consulta, etc., o bien se selecciona en el panel de exploración), se despliegan el menú que ofrece el botón de Office y su opción **Imprimir** y se elige **Vista preliminar**. Al hacerlo, obtenemos un boceto con la muestra de lo que se va a imprimir. La ventana que se ofrece para ello es la siguiente:

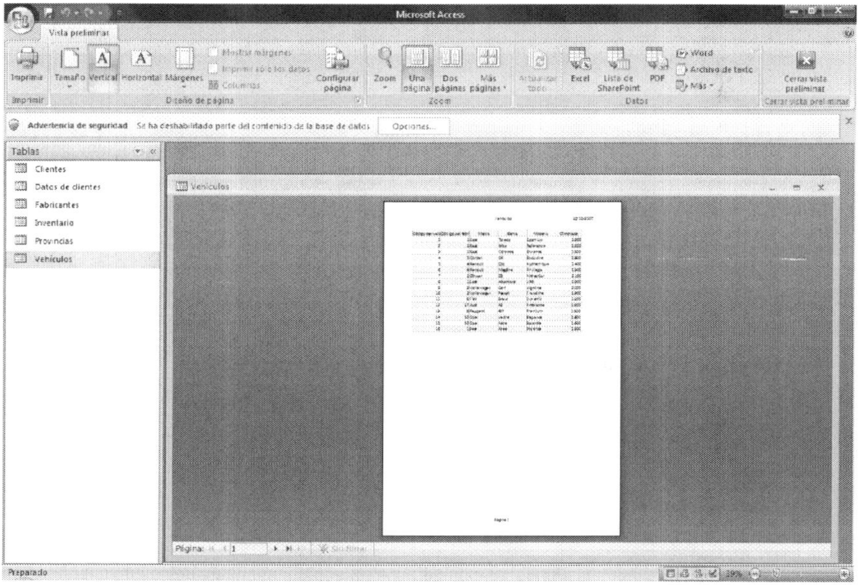

El cursor del ratón cambia de aspecto mostrando una pequeña lupa. Al hacer clic en cualquier parte de la hoja que se muestra, Access aumenta el tamaño de la muestra para una mejor percepción de los detalles de esa parte de la hoja. Si se vuelve a pulsar, se obtendrá de nuevo una vista general.

Para salir del modo de presentación preliminar podemos pulsar el botón **Cerrar vista preliminar** que ha aparecido en la cinta de opciones.

BARRA DE HERRAMIENTAS DE ACCESO RÁPIDO

En la versión 2007 de los programas más representativos de Office (Word, Excel, Access y PowerPoint) no se dispone de barras de herramientas y, por descontado, no pueden personalizarse.

Sin embargo, aún queda una pequeña herencia de ello, se trata de la barra de herramientas de acceso rápido, que inicialmente aparece en la barra de título, junto al botón de Office.

Esta barra sí que puede personalizarse y llevarse a un sitio en el que su contenido pueda ser más amplio.

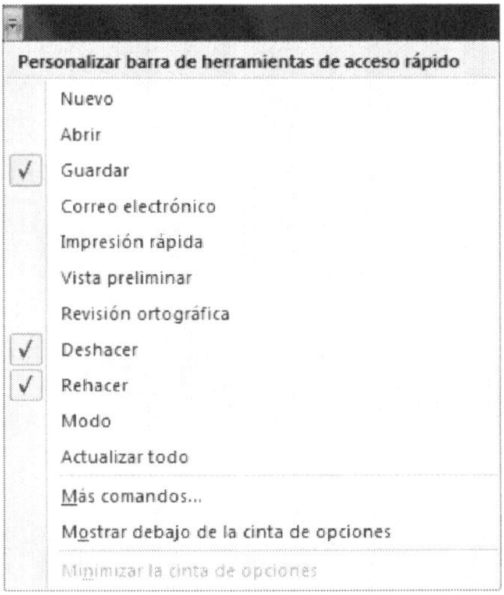

El botón del extremo derecho de la barra despliega varias opciones útiles para trabajar con la barra:

1. Las opciones del primer grupo que ofrece este menú permiten activar o desactivar ciertas funciones (las más comunes) del programa. Las que ya están marcadas representan aquellos botones que actualmente se ven en la barra. Éstos se pueden desactivar, igual que se pueden activar las otras.

2. La opción **Más comandos** permite añadir a la barra todo tipo de botones, ya sean funciones procedentes del programa o de macros.

3. La opción **Mostrar debajo de la cinta de opciones** sitúa la barra por debajo de dicha cinta. Resulta especialmente interesante si piensa añadir una gran cantidad de botones a la barra, ya que situada ahí ofrece más espacio para ello. Si se activa, esta opción cambia, mostrando el mensaje **Mostrar encima de la cinta de opciones** con la que podemos situarla en su lugar original.

4. Con **Minimizar la cinta de opciones** ocultamos todas las fichas de la cinta aunque al pulsar la tecla **ALT** y activar una, se vuelve a desplegar temporalmente. Resulta útil si se desea despejar lo máximo posible el área de trabajo.

Agregar y eliminar botones a la barra

Como veíamos hace un instante, desplegando el botón de la barra y seleccionando **Más comandos** se agregan o eliminan botones a la barra. El procedimiento para realizar el trabajo pasa por manipular el cuadro de diálogo que se ofrece cuando se activa esa opción:

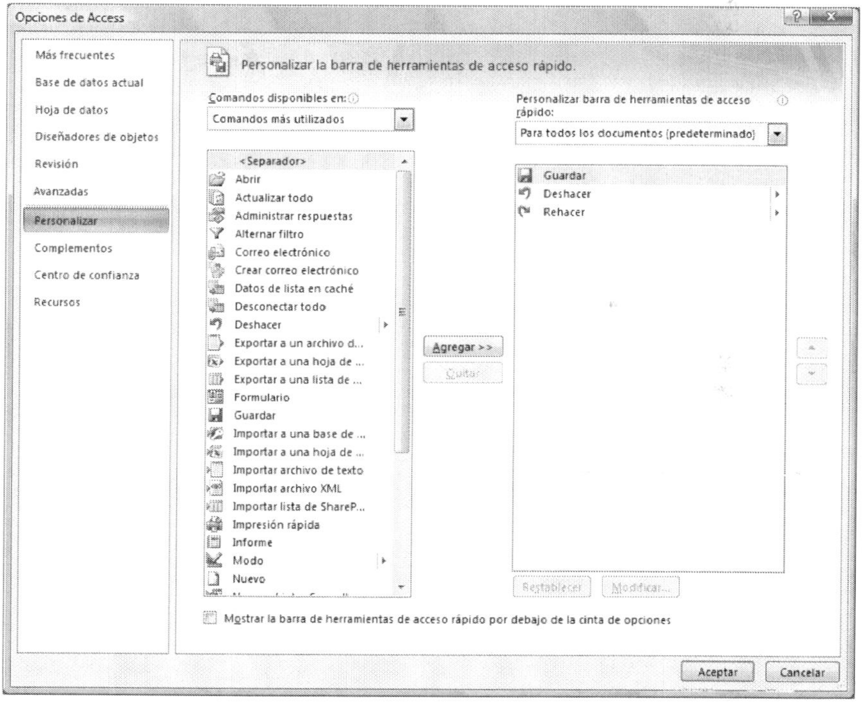

1. El primer paso consiste en desplegar la lista **Comandos disponibles en**, para seleccionar el origen en el que se encuentran las funciones que deseamos añadir a la barra (**Comandos más utilizados**, **Macros**,

las opciones del botón de Office –**Menú de Office**–, funciones de las fichas de la cinta de opciones, etc.). Esto rellena con funciones diferentes la lista que hay debajo.

2. En esa lista ocupada ahora con funciones del programa, macros u otros elementos, se selecciona uno y se pulsa el botón [Agregar >>], lo que lo sitúa en la barra de herramientas de acceso rápido, y lo añade también a la lista de la derecha.

3. Una vez ahí se puede seleccionar para recolocarlo en la barra mediante los botones [▲] y [▼] o para eliminarlo de la barra con el botón [Quitar].

4. También puede asegurarse de que la configuración que diseñe para su barra de herramientas esté disponible para cualquier documento, o bien, sólo para el documento actual. Para ello, despliegue la lista **Personalizar barra de herramientas de acceso rápido** situada en la parte superior derecha de la ventana y seleccione una de ambas opciones.

Si lo que añade a la barra es una macro, también dispondrá de los botones [Restablecer] (para anular los cambios que haga en el botón) y [Modificar...] (con el fin de elegir para la macro un símbolo cuya imagen será lo que se muestre en la barra). Con este último botón también podrá teclear un texto que se mostrará cuando el ratón se sitúe sobre el botón y permanezca ahí unos instantes.

COPIAS DE SEGURIDAD

Todos conocemos la importancia de disponer de copias de seguridad de nuestros documentos. Si no disponemos de ellas y los archivos originales sufren algún percance, podemos perder mucha información valiosa y tiempo y esfuerzo para recuperarla, lo que no siempre es posible.

Con Access, podemos emplear la función de copia de seguridad, localizada en el botón de Office. Al desplegarlo, se selecciona **Administrar** y, en el submenú que ofrece, **Realizar copia de seguridad de la base de datos**.

Esta opción nos lleva al tradicional cuadro de diálogo para guardar documentos. En él podremos apreciar que Access sugiere como nombre para la copia el mismo de la base original, seguido de la fecha en la que se crea la copia (un buen modo de reconocer la base de datos así como el tiempo que hace que se realizó la última copia).

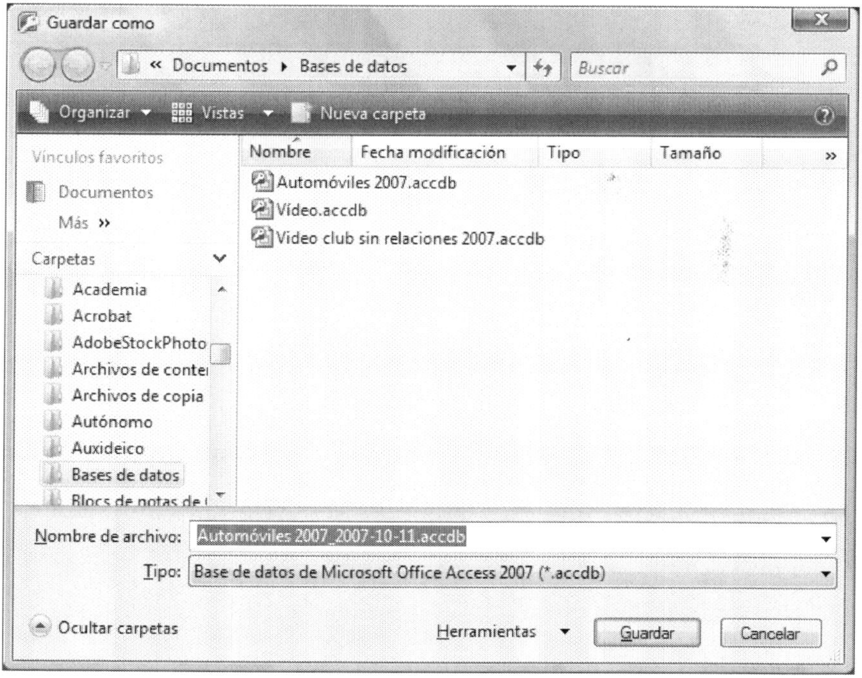

EJERCICIOS

I) Filtros

1. Abra la base de datos *Automóviles*.
2. Utilice los filtros para realizar todas las tareas de consulta que pueda.

   Detalles:

   - Puede utilizar los ejercicios de las consultas para intentar hacer lo mismo con los filtros.
   - En algunos de esos casos ni siquiera necesitará teclear una condición, puesto que el mismo filtro le ofrece una forma más sencilla de generar el mismo resultado.

II) Aplicar formatos

1. Abra la tabla *Datos de clientes* de la base de datos *Automóviles*.
2. Utilice los formatos de Access para:

   - Cambiar el tipo de letra.
   - Ajustar las columnas a su tamaño perfecto.
   - Ocultar e inmovilizar algunos campos de la tabla.

III) Ordenación rápida

1. Abra la tabla *Vehículos* de la base de datos *Automóviles*.
2. Ordene la tabla ascendentemente por marcas.
3. Compruebe que, si ordena por otro campo (por ejemplo, por modelos), la anterior ordenación se pierde.

IV) Hojas secundarias de datos

1. Abra la tabla *Vehículos* de la base de datos *Automóviles*.

2. Observe que la primera columna de esta tabla contiene indicadores de expansión (+): haga clic en uno.

3. En el cuadro de diálogo que aparezca, deberá elegir otra tabla cuyos datos desea que se superpongan a los de la tabla de ***Vehículos*** para cotejar los resultados: elija, por ejemplo, ***Clientes*** (con ello podrá ver qué clientes compraron el vehículo en cuestión).

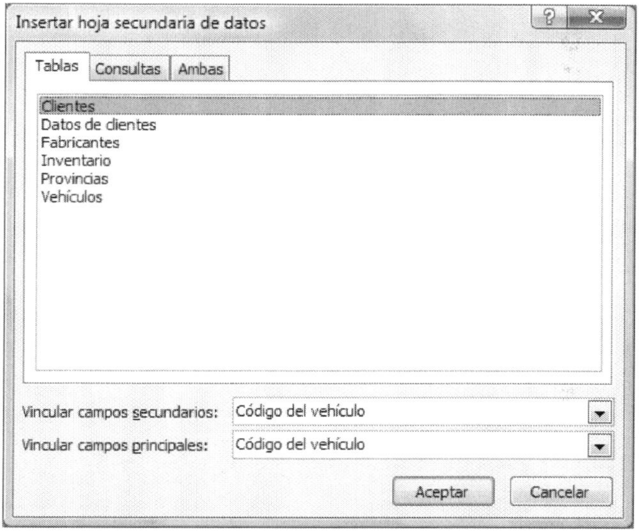

- Acceda al botón Más del grupo **Registros** (en la ficha **Inicio** de la cinta de opciones). Despliéguelo y seleccione la opción **Hoja secundaria de datos**. En el submenú que aparezca active **Quitar** (desenlazando de este modo las tablas ***Vehículos*** y ***Clientes***).

- Una vez eliminada la hoja secundaria defina otras mediante el indicador de expansión (+).

V) Copia de seguridad

1. Abra la base de datos *Automóviles*.

2. Despliegue el botón de Office y seleccione **Administrar**.

3. En el submenú que aparezca active la opción **Realizar copia de seguridad de la base de datos**.

4. Respete el nombre que le ofrece Access para su copia de seguridad y recuerde que cuando vaya a realizar una nueva copia, podría ser interesante borrar la anterior para evitar confusiones y espacio innecesariamente ocupado en el disco.

CAPÍTULO 6

TÉCNICAS AVANZADAS

En el presente capítulo vamos a tratar funciones que solicitan una mayor contribución por parte del usuario y que, al mismo tiempo, ofrecen unos resultados muy completos.

INICIO DE BASES DE DATOS

Access proporciona una serie de funciones con las que se puede asignar el modo de iniciar una base de datos. En principio, cada una arranca mostrando la ventana de base de datos, pero es posible modificar esto, junto con otras funciones que nos permitirán establecer características como si debe mostrarse la barra de estado, qué ventana debe mostrarse al arrancar, etc.

Para establecer todo esto, se accede al botón de Office, se pulsa el botón Opciones de Access y, en el cuadro de diálogo que aparece, se activa la categoría **Base de datos actual**. Esto nos llevará al siguiente cuadro de diálogo:

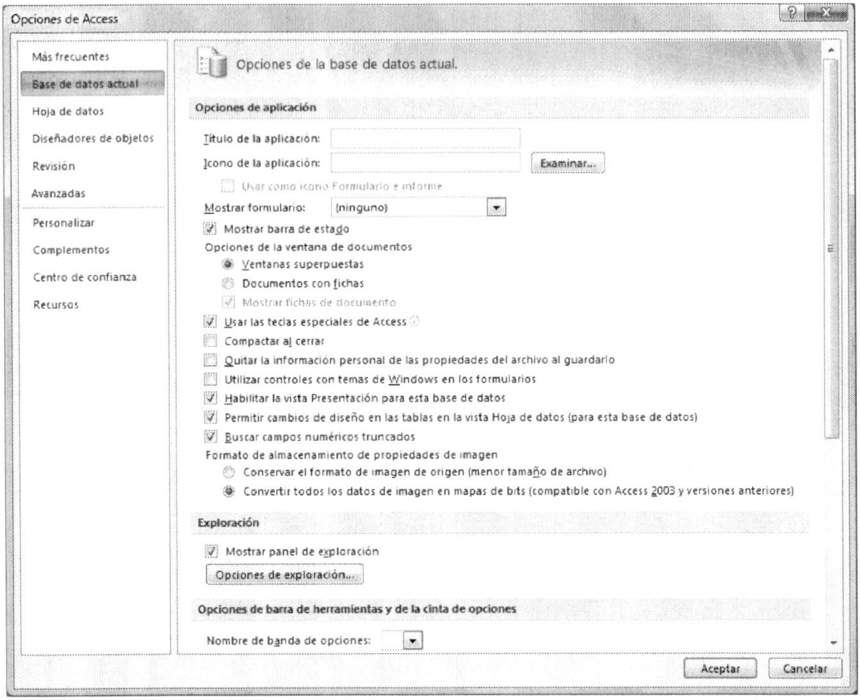

Ponga especial cuidado con las siguientes funciones. Si no las emplea con prudencia, podría bloquear su propia base de datos impidiendo a usted mismo su control. Antes de practicar estas funciones sería importante hacer una copia de seguridad de la base de datos completa como precaución.

A continuación detallamos los elementos del cuadro relacionados con el momento de abrir la base de datos:

1. **Título de la aplicación** permite escribir un rótulo que mostrará la ventana de Access cuando se abra la base de datos.

2. **Icono de la aplicación** permite elegir un icono para la base de datos mientras esté abierta.

3. **Mostrar formulario** permite seleccionar un formulario de la base de datos como elemento que se mostrará primero al abrir la base de datos. Suele utilizarse un formulario que actúe a modo de menú principal. Se suele diseñar un formulario especial que haga las veces de ese menú principal. Para ello, se emplean los llamados *Paneles de control*, de los que hablaremos enseguida en este mismo capítulo (*Administrador de paneles*).

4. **Mostrar barra de estado** ofrece o no la barra de estado al abrir la base de datos según se active o no esta casilla.

5. **Opciones de la ventana de documento** ofrece dos modos de trabajo con las ventanas que genera Access cuando el usuario abre un elemento de la base de datos (una tabla, una consulta, etc.). Así, se asegura de que cada nuevo elemento aparezca en una ventana independiente que puede controlarse dentro de Access (maximizar, minimizar, cerrar, etc. mediante el botón **Ventanas superpuestas**) o bien cada elemento aparece en una ficha con su pestaña para permitir el acceso a cada uno (mediante el botón **Documentos con fichas**). Si cambia un botón por otro, tenga en cuenta que necesitará cerrar la base de datos y abrirla de nuevo para que el cambio funcione.

6. También se puede impedir que un usuario acceda a funciones de Access desactivando la casilla **Usar las teclas especiales de Access**.

7. Mantenga activa la casilla **Mostrar panel de exploración** si desea que ese elemento aparezca al abrir la base de datos. De lo contrario, desactívela.

8. Despliegue la lista **Barra de menú contextual** para elegir una barra de menú contextual que se empleará en la base de datos y que deberá haber sido creada o importada antes.

MACROS

En palabras sencillas, una macro es una función que reúne varias. Suelen utilizarse para procesos que requieren varias funciones que se emplean con frecuencia. La macro se encargará de ejecutar automáticamente todas las funciones que se hayan incorporado en ella.

Las macros en Access, y en cualquier otro sistema de su categoría, forman todo un lenguaje de programación completo, mediante el cual se pueden llegar a construir funciones realmente complejas. En el caso de Access, las macros y la programación forman dos partes bien diferenciadas.

De modo que en este tema comenzaremos por ver cómo se crean macros más o menos sencillas y después iniciaremos una breve inspección a la programación con Access.

Creación de macros

Las macros se crean como un elemento más de la base de datos. Para ello, en el grupo **Otros** de la ficha **Crear** de la cinta de opciones disponemos del botón **Macros**. Este botón se despliega y se selecciona **Macro** para diseñar una nueva.

Lo que se obtiene es una ventana con la que podremos definir la macro. Su aspecto y manejo es similar al de la creación de tablas:

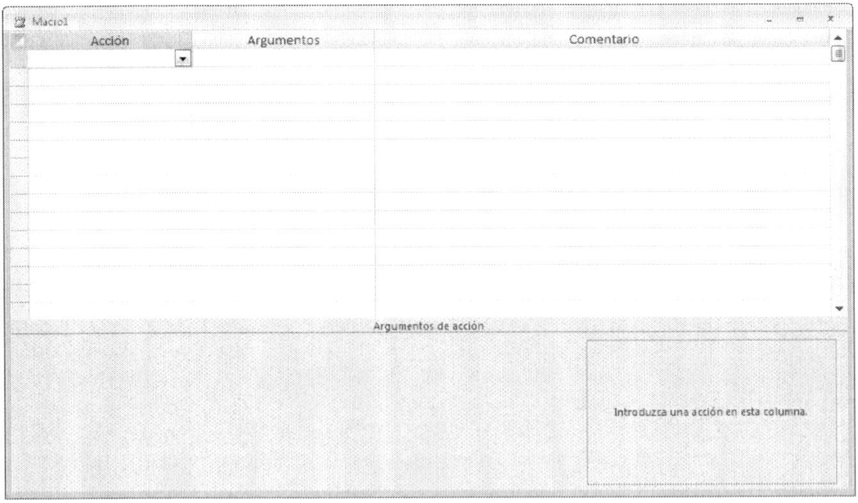

Las macros son secuencias de instrucciones, por lo que debemos ir añadiendo una por una todas las acciones que deberá realizar la macro cuando se ejecute.

La columna **Acción** contendrá, pues, las funciones que la macro ejecutará por riguroso orden automáticamente (desde la primera hasta la última). Utilice el dato **Comentario** para establecer una pequeña descripción de lo que hace cada función, aunque este dato es opcional.

Observe que en la nueva acción que vayamos a crear aparece el botón ▾ a su derecha. Su función es mostrar una lista alfabética con todas las posibles funciones que pueden incorporarse a una macro. Cuando se elige una acción de esta lista, en la parte inferior de la ventana aparecen sus argumentos (similares a las propiedades de las tablas). Por ejemplo, si utilizamos la función **AbrirTabla**, uno de los argumentos será el nombre de la tabla que se va a abrir. Veámoslo:

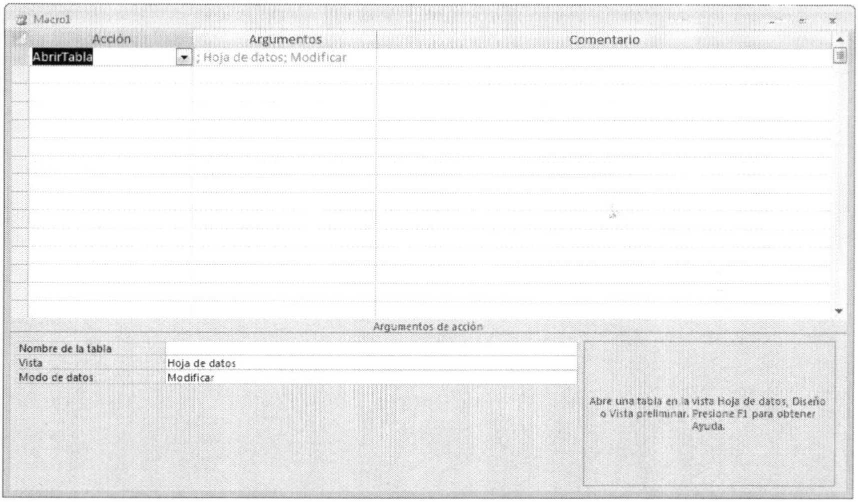

Los argumentos de la función **AbrirTabla** son **Nombre de la tabla**, **Vista** y **Modo de datos**. Si se pulsa el botón ▾ que aparece al hacer clic en el cuadro de texto **Nombre de la tabla**, se mostrará una lista con todas las tablas que hay en la base de datos para poder elegir una. Además de poder manipularlos ahí, se puede emplear la columna **Argumentos** para teclearlos ahí.

Access tiene una gran cantidad de funciones que pueden incorporarse a cualquier macro. La mejor forma de aprender el funcionamiento de todas ellas es practicando. La información sobre las funciones aparece en el sistema de ayuda de Access, que puede mostrar todas las funciones, para qué sirve cada una y cuáles son sus argumentos.

Vamos a realizar un ejemplo sencillo de macro. Crearemos una que abra una tabla, que después nos lleve hasta el último registro de ésta y para terminar produzca un pitido final.

Comenzaremos pues por crear la nueva macro desde la ventana de base de datos tal y como comentábamos al principio de este apartado. Cuando nos muestre la ventana de edición de macros, iremos añadiendo las siguientes acciones:

1. **AbrirTabla** (recuerde que para elegir una función deberá pulsar el botón que hay a la derecha de la columna). Como hemos dicho, esta función se encargará de abrir una tabla. Iremos a los argumentos (en **Tipo de objeto** y **Nombre del objeto**) y allí elegiremos, respectivamente, la opción **Tabla** y una tabla de la base de datos.

2. Como segunda función en la siguiente acción elegiremos **IrARegistro** (recuerde que las funciones están listadas por orden alfabético). Esta función nos lleva a un registro de la tabla que determinemos en los argumentos (en **Registro**) y en la lista elegiremos **Último**, para que se acceda a él. Si se elige la opción **Ir a**, se podrá emplear el argumento **Desplazamiento** para teclear el número del registro al que se quiere acceder.

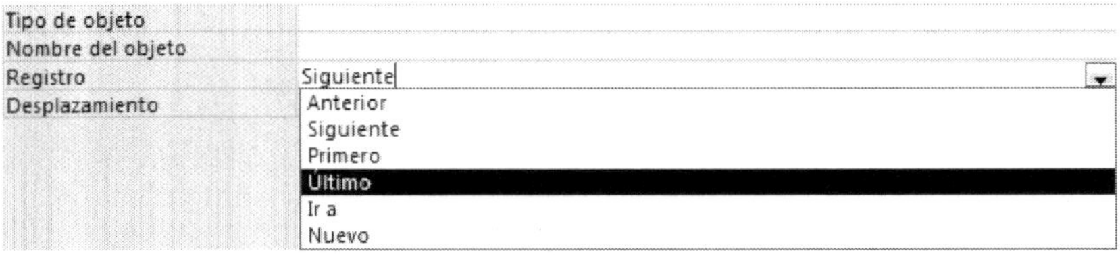

3. Para hacer sonar un pitido hemos de elegir como tercera acción la función **Bip** que, al ser una función tan simple, no lleva ningún argumento.

4. Para terminar la creación de la macro la cerraremos, lo que solicitará que la guardemos primero. Para ello, obtenemos un cuadro de diálogo en el que

debemos ponerle un nombre a la nueva macro, a no ser que ya la hubiéramos grabado con anterioridad, en cuyo caso Access almacenará la macro automáticamente con el nombre que le pusiéramos entonces. Éste es el cuadro que pide el nombre:

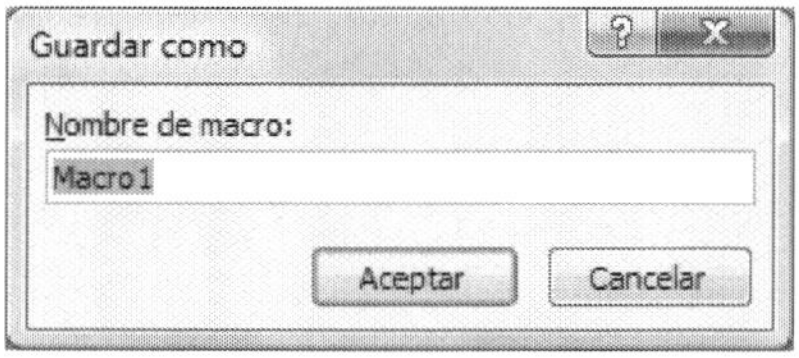

Utilizaremos el cuadro de texto **Nombre de la macro** para escribirlo. Una vez escrito el nuevo nombre, pulsaremos el botón 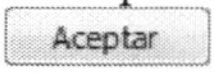

y la macro se incorporará a la base de datos. Podremos acceder a ella seleccionando **Macros** en el menú del panel de exploración.

Condiciones en las macros

Algunas de las acciones de las macros no han de ejecutarse siempre. En ocasiones, y dependiendo de las circunstancias, es interesante que ciertas acciones no funcionen para que no realicen labores que modifiquen el transcurso habitual de la macro.

La idea es que si una comprobación de datos resulta cierta, se ejecuten las instrucciones adecuadas y, de no ser así, se ejecuten otras o ninguna.

Para añadir una condición se ha de añadir una columna extra en la ventana de diseño de macros, lo que se consigue activando el botón **Condiciones** del grupo **Mostrar u ocultar** en la ficha **Diseño** de la cinta de opciones.

En esta columna se establece la condición que consiste en comparar dos datos. Si la comparación es cierta, si se cumple, la acción que haya a su lado se ejecuta, de lo contrario, se ignora.

Debajo de la condición se pueden teclear puntos suspensivos para que la misma condición afecte a las acciones siguientes sin tener que repetirla.

Los operadores que se emplean para la comparación son los mimos que hemos empleado anteriormente:

= (igual que)
< (menor que)
> (mayor que)
<= (menor o igual que)
>= (mayor o igual que)
<> (distinto que)

También son aplicables los operadores lógicos **Y** (*AND*), **O** (*OR*) y **Negado** (*NOT*).

Veamos un ejemplo. Supongamos que necesitamos una macro que permita agregar registros a una tabla sólo si nos encontramos en una fecha anterior al último día del año 2007.

En ese caso, deberíamos aplicar las siguientes acciones en primer lugar:

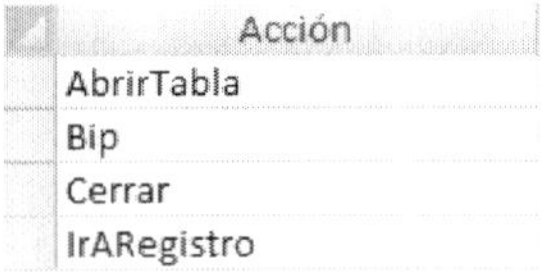

1. Usamos la acción **AbrirTabla** para indicar que ese es el primer trabajo que debe realizar la función. En los **Argumentos de acción** (la parte inferior del panel) debemos asegurarnos de que se abre la tabla adecuada, seleccionándola en **Nombre de tabla**.

2. Las acciones **Bip** y **Cerrar** serán las que se ejecuten si la fecha no es la adecuada. Sus trabajos son, respectivamente, producir un pitido y cerrar la tabla.

3. La acción **IrARegistro** nos llevará a un nuevo registro de la tabla para añadir datos en caso de que la fecha sea aceptable.

A continuación nos aseguramos de establecer las condiciones para que sólo se ejecuten las acciones necesarias dependiendo de la fecha. Por tanto, pulsamos el botón **Condiciones** del grupo **Mostrar u ocultar** en la ficha **Diseño** de la cinta de opciones. Esto añade una nueva columna en el panel para escribir en las filas necesarias de esa columna aquello que conseguirá que las acciones se realicen o no: las condiciones.

En nuestro caso las condiciones serían las siguientes:

Condición	Acción
	AbrirTabla
Fecha()>#31/12/2007#	Bip
...	Cerrar
Fecha()<#31/12/2007#	IrARegistro

1. La primera condición que establecemos es *Fecha()>#31/12/2007#* lo que obliga a ejecutar la acción **Bip** cuando esa premisa se cumpla (cuando la fecha sea posterior al *31/12/07*), de lo contrario, se ignorará.

2. Los puntos suspensivos se aseguran de que la condición anterior también se aplique a la acción **Cerrar**.

3. Por último, la condición *Fecha()<#31/12/2007#* obliga a la acción **IrARegistro** a realizarse sólo en caso de que se trate de la fecha adecuada: anterior al *31/12/07*.

Si el trabajo exigiese más acciones deberíamos prever las condiciones en las que se ejecutarían y aplicarlas del mismo modo.

Ejecución y modificación de macros

En el menú del panel de exploración podemos seleccionar **Macros** para ver el listado de éstas de que disponemos.

Una vez que tenemos la lista podemos:

1. Hacer doble clic en el nombre de una para ponerla en marcha.

2. Hacer clic con el botón derecho del ratón en su nombre y seleccionar **Vista diseño** para modificarla. La ventana en que se nos deposita es la misma que hemos empleado para crearla.

Introducción a Visual Basic con Access

Access incorpora un lenguaje de programación con el que podemos realizar funciones más complejas que las macros. Este lenguaje de programación es un descendiente directo de *Visual Basic*, cuyo nombre es *Access Basic*.

Antes de comenzar, hemos de decir que lo que vamos a crear aquí son programas: secuencias de instrucciones agrupadas con el fin de realizar una tarea.

Como el hecho de crear un programa grande en una sola pieza resulta difícil, hace tiempo que se desarrollaron unas normas para crear programas. Con ello se llegó a la que hoy se denomina programación estructurada y modular. Básicamente consiste en dividir la gran tarea que realizará el programa en varias otras más pequeñas, ya que resulta más cómodo resolver el programa por partes que en su conjunto.

Access y también Visual Basic utilizan una mejora sobre la programación estructurada que Windows se encarga de hacer más fácil gracias a su entorno gráfico. Esta mejora recibe el nombre de *programación orientada a objetos*. En ella, cada elemento del programa es un objeto con unas propiedades y características que pueden incluso heredarse para otros objetos. Por ejemplo, un botón de una ventana puede ser un objeto que tiene asociado cierto grupo de instrucciones, de modo que cuando se pulsa el botón, las instrucciones asociadas a él se ponen en marcha realizando, entre todas, una tarea para el usuario. De hecho, éste es el modo general en que trabaja Windows.

Access, por tanto, permite crear un programa por objetos que son partes del programa general. Este programa contiene módulos con instrucciones que se ejecutan desde las macros. Cada módulo, a su vez, puede dividirse en varias funciones o procedimientos (partes del programa). Cada procedimiento o función puede hacerse funcionar desde otro o desde una macro.

Creación y manejo de módulos

Así pues, será necesario crear módulos y macros:

1. Los módulos estarán divididos en funciones o procedimientos (o ambos) que contendrán las instrucciones cuya función será resolver la tarea para la que sean programados.

2. Las macros contienen la orden que pondrá en marcha la ejecución de las funciones o procedimientos que hayamos programado en los módulos. Esa orden es, en realidad, la instrucción **EjecutarCódigo** que tiene un solo argumento: **Nombre de función**.

Para crear un nuevo módulo con instrucciones programadas, debemos acceder a la ficha **Crear** de la cinta de opciones y desplegar el botón **Macro** del grupo **Otros**. Al hacerlo disponemos de la opción **Módulos**: la activamos.

Al hacer esto, obtenemos en la pantalla una ventana nueva en la que podremos escribir las instrucciones para el módulo y una barra de herramientas adaptada al manejo de éste:

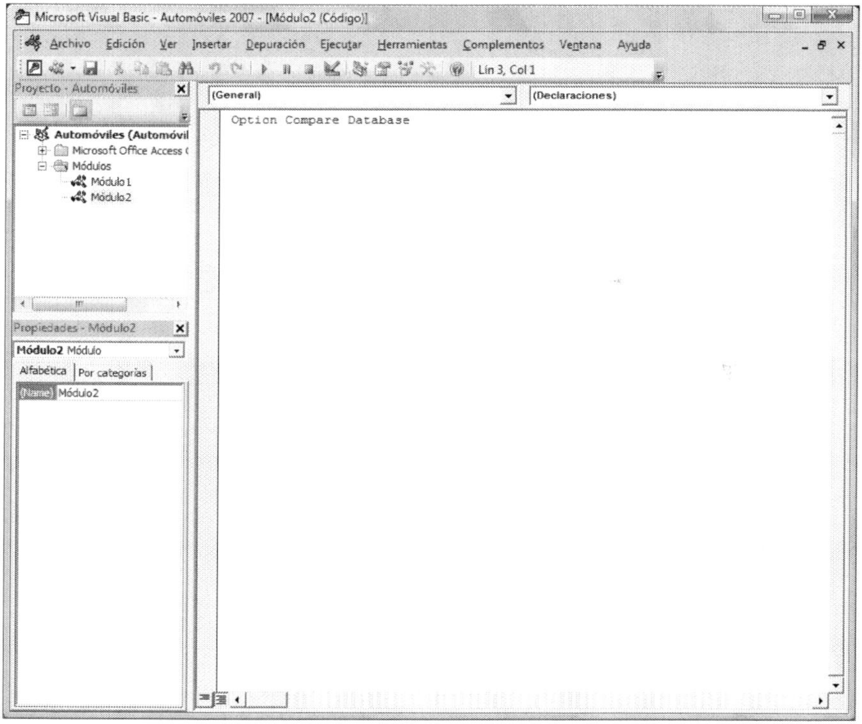

Para crear un nuevo procedimiento o función para el módulo, accederemos al menú **Insertar** en el que seleccionaremos **Procedimiento** y, así, obtendremos un cuadro de diálogo para las especificaciones iniciales:

Elegiremos **Procedimiento** o **Función** dependiendo de lo que deseemos crear. El procedimiento (o la función) debe tener un identificador para distinguirla de las demás; para ello, escribiremos este identificador en el cuadro de texto **Nombre** (pongamos, por ejemplo, el nombre *Diálogo*). Si deseamos que el procedimiento pueda ser utilizado desde cualquier parte del programa de Access, elegiremos **Público**, pero si queremos que el procedimiento sólo funcione dentro de otro, elegiremos **Privado**. Nosotros elegiremos **Público** y **Función** para seguir el ejercicio.

Cuando pulsemos el botón Aceptar, obtendremos la ventana vacía para rellenar la función con instrucciones (la mostramos en la página siguiente).

Public Function Diálogo () es el encabezado que marca el inicio de la función, mientras que **End Function** marca su final. El cursor aparece entremedias de ambos para que escribamos ahí las instrucciones de esta función. Naturalmente, estas instrucciones también pueden teclearse en el programa.

Llegados a este punto, las instrucciones tienen unas posibilidades casi ilimitadas. Nosotros vamos a ir siguiendo estos pasos para poner un ejemplo sencillo de programación; sin embargo, la creación de un programa completo puede ser larga, por lo que debe estar bien estudiada y exige un amplio conocimiento del lenguaje Access Basic.

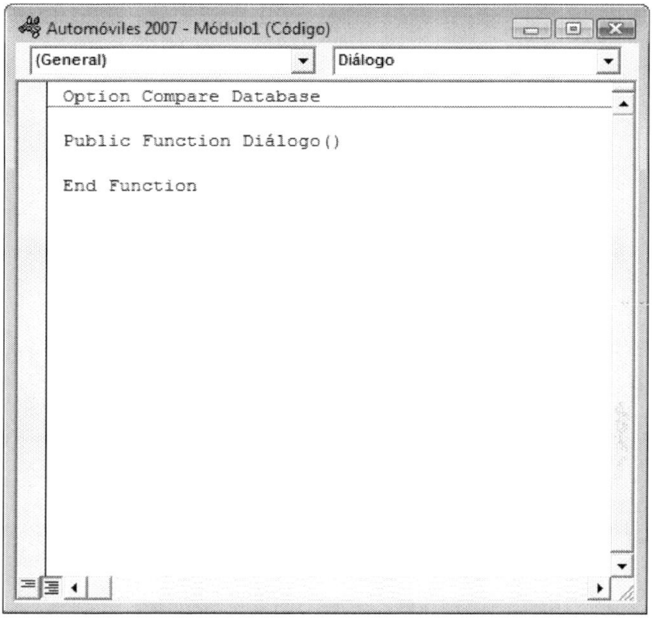

Vamos a crear un ejemplo sencillo con programación. Se trata de un sencillo programa que realiza una pregunta y nos responde con el dato que hemos tecleado como respuesta, o bien, nos avisa si hemos pulsado el botón de anulación (**Cancelar**). Para ello, teclearemos lo siguiente:

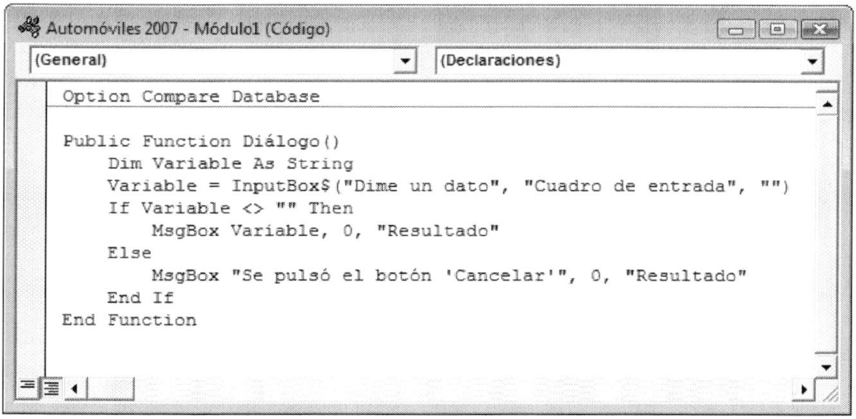

1. **Dim Variable As String**. Define un nuevo dato (llamado *Variable*) de tipo texto (string).

2. **Variable = InputBox$...** Con esta instrucción asignamos al dato *Variable* un valor con la función *InputBox$*.

3. **InputBox$(“Dime un dato”, “Cuadro de entrada”, “”)**. Muestra un cuadro de diálogo que lleva por título *Cuadro de entrada* y que presenta el mensaje *Dime un dato* esperando a que escribamos uno. El aspecto que generará este cuadro de diálogo cuando lo hagamos funcionar es el siguiente:

Supongamos que escribimos el mensaje *Ejemplo de programa.*

4. **If Variable<>“” Then**. Traducido literalmente significa “Si la Variable no está vacía, entonces...”.

Si la variable no está vacía, se ejecutará la instrucción:

```
MsgBox Variable, 0, "Resultado"
```

de lo contrario, (**Else**) se ejecutará:

```
MsgBox "Se pulsó el botón 'Cancelar'", 0, "Resultado"
```

5. **MsgBox Variable, 0, “Resultado”**. Ofrece un cuadro de diálogo con el título *Resultado* conteniendo el dato *Ejemplo de programa* que habíamos escrito en el cuadro de diálogo anterior. El valor 0 implica que sólo aparecerá el botón Aceptar en este cuadro:

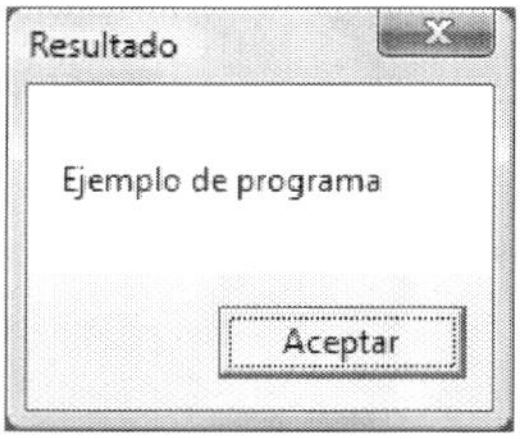

6. **MsgBox "Se pulsó el botón 'Cancelar'", 0, "Resultado"**. Muestra un cuadro de diálogo con las características similares al anterior, con el título *Resultado* y el aspecto siguiente:

Cuando se tienen varios procedimientos o funciones en el mismo módulo es posible desplazarse a través de ellos con la lista **Procedimiento** que aparece en la parte superior derecha de la ventana del módulo. Haga un clic en ella y elija el módulo al que desea acceder.

Para grabar el programa que hemos escrito, debemos pulsar el botón  de la barra de herramientas. Aparece un cuadro de diálogo para ponerle nombre al módulo:

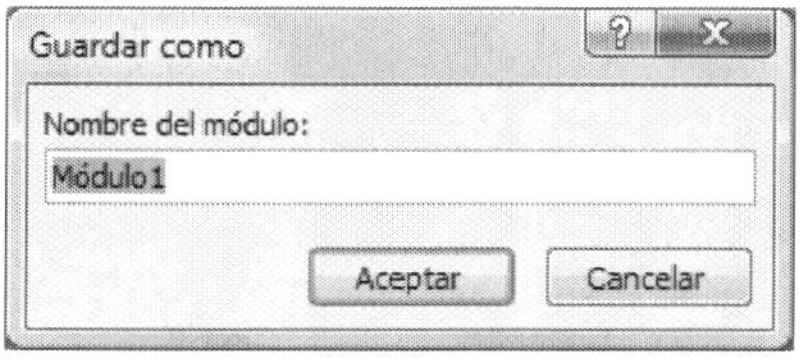

Por ejemplo, aceptaremos el que nos sugiere Access: **Módulo1**, y éste quedará registrado en la base de datos. Puede verlo en el panel de exploración, desplegando su menú y seleccionando **Módulos**.

Ejecución de funciones

Como ya hemos dicho, las funciones de los módulos se ejecutan mediante macros. Por ello, el siguiente paso es crear una accediendo al grupo **Otros** de la ficha **Crear** de la cinta de opciones, desplegando el botón **Macros** y seleccionando **Macro**.

Al hacer esto, como ya hemos visto en un apartado anterior, obtendremos una ventana en la que tendremos que establecer las acciones que conformarán la macro:

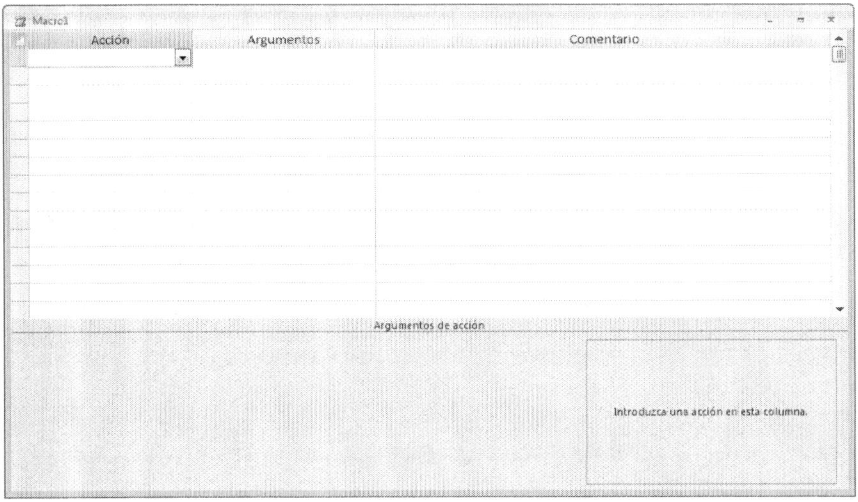

La única acción que es realmente necesaria es **EjecutarCódigo**, de modo que pulsaremos el botón ▾ (en la columna de **Acciones**) y, en la lista que nos ofrezca al desplegarse, elegiremos esta acción (recuerde que todas las acciones aparecen por orden alfabético de modo que resulta mucho más fácil localizar una entre todas).

Una vez hecho esto, debemos ir a la zona de los argumentos (en la parte inferior de la ventana) en la que habremos obtenido automáticamente el argumento **Nombre de función**.

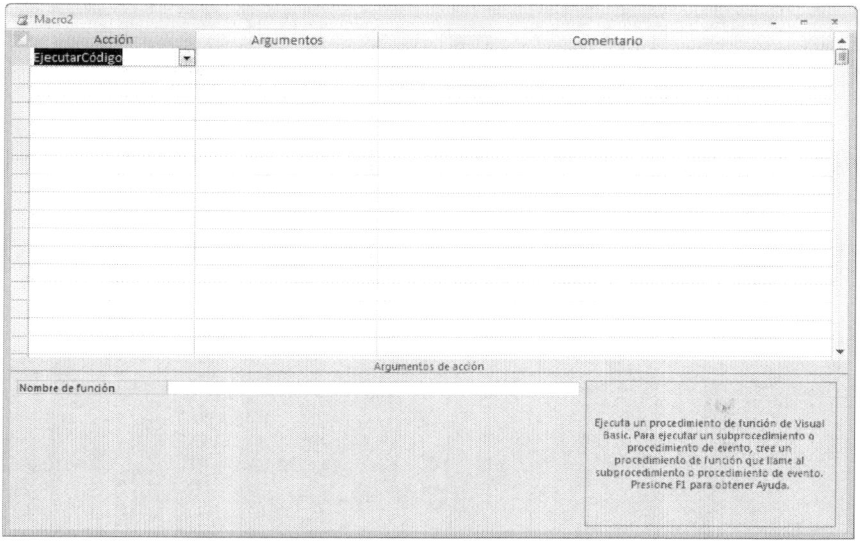

En el argumento **Nombre de función** escribiremos el nombre que le pusimos a la función: **Diálogo ()**.

Cuando cierre esta ventana y, una vez grabada la macro, si todos los datos son correctos y están bien escritos, podremos poner en marcha el pequeño programa que hemos escrito antes.

En el panel de exploración, desplegando su menú y seleccionando **Macros**, tendremos la nueva macro con ese nombre. Para ejecutarla, debemos hacer doble clic en el nombre de la macro. Al hacerlo, la macro se pondrá en marcha ejecutando una a una las instrucciones que habíamos escrito en la función del módulo.

Recuerde que si desea modificar la macro para añadir, eliminar o modificar alguna acción, puede hacerlo haciendo clic con el botón derecho del ratón en su nombre (en el panel de exploración) y seleccionando **Vista diseño** en el menú que aparece.

La macro *AUTOEXEC*

Existe la posibilidad de asegurarse de que una macro actúa nada más abrir la base de datos.

Lo único que se necesita es darle el nombre **AUTOEXEC**. Es imperativo darle el nombre con mayúsculas y no equivocarse al escribirlo. Si está mal, sólo hay que cambiar su nombre mediante el procedimiento habitual: haciendo clic con el botón derecho del ratón en el nombre de la macro y seleccionando, en el menú que aparece, la opción **Cambiar nombre**.

No es necesario borrar esa macro para que deje de actuar, ya que podría ser útil en el futuro. Sólo es necesario cambiar su nombre por otro cualquiera para que no actúe cuando se abra la base de datos.

ADMINISTRADOR DE PANELES

Un modo rápido, cómodo y sencillo de crear un menú principal en nuestras bases de datos consiste en crear paneles de control. Esta tarea se desarrolla mediante el administrador de paneles.

Para acceder a esta herramienta se accede a la ficha **Herramientas de base de datos** de la cinta de opciones (en el grupo que lleva ese mismo nombre) y se pulsa el botón Administrador del panel de control.

La primera vez que se ejecuta esta acción en una base de datos el sistema avisa de que no hay ningún panel de control en ella aún y solicita su creación.

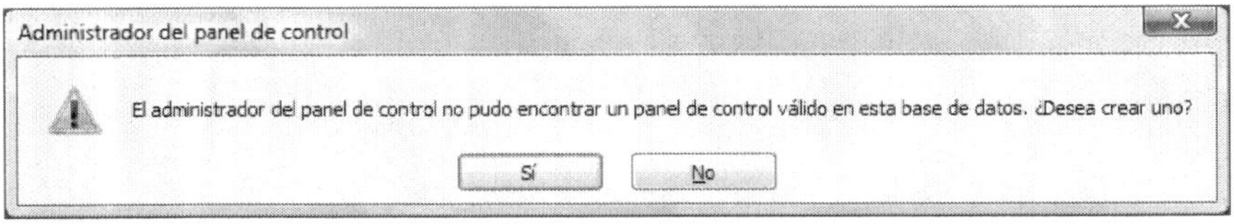

Si se responde afirmativamente se creará efectivamente el panel y se obtiene un cuadro de diálogo para construirlo y modificarlo.

Tenga en cuenta que con este cuadro se puede crear el panel de control principal y otros enlazados a este, cada uno como si fuese un submenú del principal. De ahí que el panel de control recién creado sea el **Panel de control principal** como puede verse en la figura siguiente.

1. Mediante el botón **Nueva...** se crea un panel de control. Veremos el proceso en el próximo apartado.

2. El botón **Modificar...** permite cambiar el trabajo que realiza el panel de control. El cuadro de diálogo que se obtiene para ello es el mismo que el que se emplea para crear nuevos paneles, por lo que describiremos su función en el próximo apartado.

3. El botón **Eliminar** borra un panel de control pidiendo antes la confirmación de la acción. No se puede eliminar el panel de control predeterminado (consulte el siguiente párrafo).

4. El botón **Predeterminado** establece cuál es el panel de control que actúa inicialmente cuando se abre la base de datos.

Para que el panel de control se active automáticamente al abrir la base de datos, hay que notificarlo con el botón de Office: una vez desplegado su menú se pulsa el botón **Opciones de Access** y, en el cuadro de diálogo que aparece, se activa la categoría **Base de datos actual**. En ella desplegamos **Mostrar formulario** y elegimos **Panel de control**:

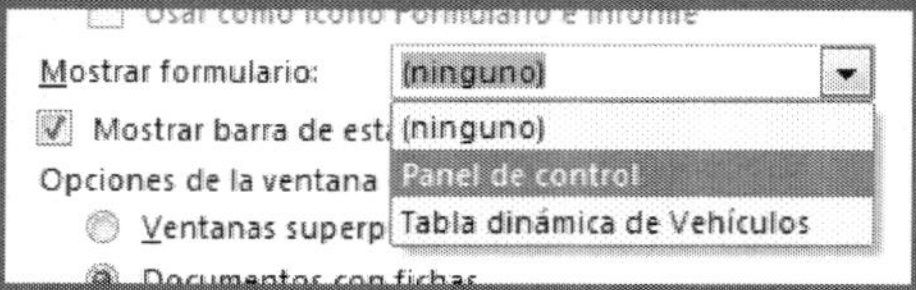

Crear y modificar paneles de control

Si en el cuadro de diálogo anterior se pulsa el botón Nueva..., el sistema solicita un nombre para el nuevo panel.

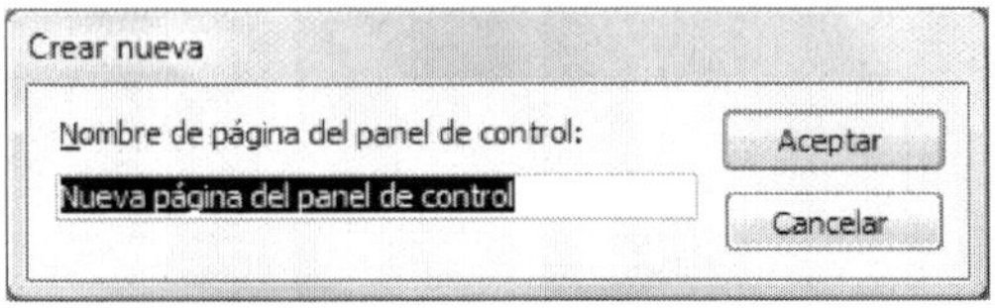

Una vez que se ha escrito y aceptado ese nombre el sistema lleva al cuadro de diálogo anterior en el que podemos ver el nuevo panel ya listado. Para acceder al cuadro de diálogo que permite añadir elementos al panel lo seleccionaremos en esa lista y pulsaremos el botón Modificar....

El cuadro de diálogo en cuestión permite realizar las siguientes tareas:

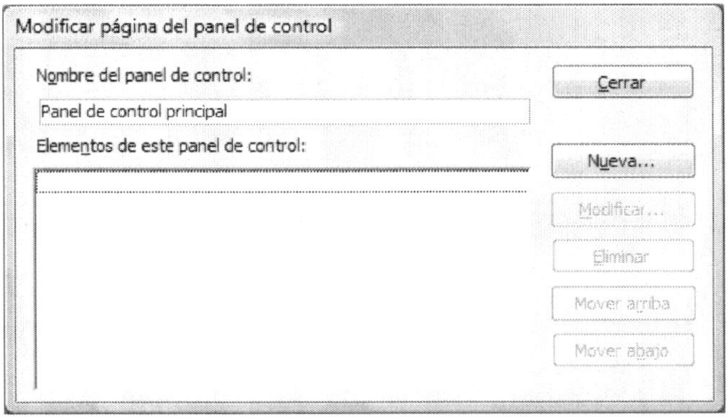

1. Cuando lo desee, teclee un nuevo nombre para el panel en **Nombre del panel de control**.

2. Utilice el botón Nueva... para agregar un elemento al panel. Al pulsar este botón se obtiene otro cuadro de diálogo para especificar el elemento que se va a añadir así como el texto que lo acompañará para que el usuario capte su función.

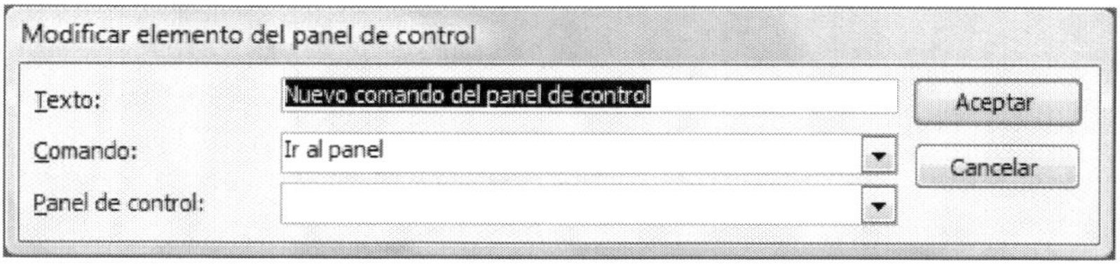

- Escriba el rótulo que acompañará al botón del panel en **Texto**.

- La lista **Comando** permite elegir la acción que realizará Access cuando el usuario pulse el botón del panel. Se puede elegir entre acciones que llevan a formularios, a informes, a un panel de control, a diseñar o cerrar la aplicación y a ejecutar una macro o un módulo.

- Dependiendo de lo que se seleccione en esta lista **Comando**, la lista **Panel de control** ofrecerá un contenido u otro. Así, si el comando elegido es **Ir al panel**, la lista **Panel de control** ofrecerá la relación de paneles para que elijamos aquel al que llevará el botón cuando el usuario lo pulse en el panel.

3. El botón [Modificar...] permite cambiar las especificaciones de un elemento del panel. Nos lleva al mismo cuadro que [Nueva...] y que, por tanto, se maneja igual.

4. El botón [Eliminar] borra un elemento del panel.

5. Puesto que todos esos elementos aparecen en el panel en un determinado orden, tenemos la oportunidad de recolocarlos mediante los botones [Mover arriba] y [Mover abajo].

Los paneles son realmente formularios especializados en contener botones, por lo que si no le gusta el diseño de un panel, puede acceder al panel de exploración, desplegar su menú para mostrar los **Formularios** y modificarlo como cualquier otro.

ADMINISTRADOR DE TABLAS VINCULADAS

Como sabemos, Access puede contener tablas que realmente no estén contenidas en la base de datos, sino que sea información externa que se utiliza en la base de datos como si fuera parte de ésta.

Estas tablas están vinculadas y, en principio, cuando se modifica la información del archivo externo, los cambios se ven reflejados automáticamente en la base de datos de Access.

Sin embargo, este sistema de trabajo tiene un inconveniente. Cuando el archivo externo cambia de carpeta o de disco, Access le pierde la pista, con lo que ya no puede mostrar su contenido y mucho menos mantenerlo actualizado. Lo mismo sucede si la base de datos se migra a otro ordenador ya que es muy probable que, aunque copiemos la base de datos y todos los archivos externos vinculados, ya no se encuentren en carpetas que se llamen igual que aquellas en las que estaban originalmente, con lo que, de nuevo, se desvincularían.

Si este es nuestro problema, podemos emplear el **Administrador de tablas vinculadas**, que nos permite actualizar la información y también especificar la nueva carpeta o disco en la que se ha colocado el archivo externo.

A esta función se accede mediante la ficha **Herramientas de base de datos** de la cinta de opciones, concretamente mediante el botón **Administrador de tablas vinculadas**, que nos lleva al siguiente cuadro de diálogo:

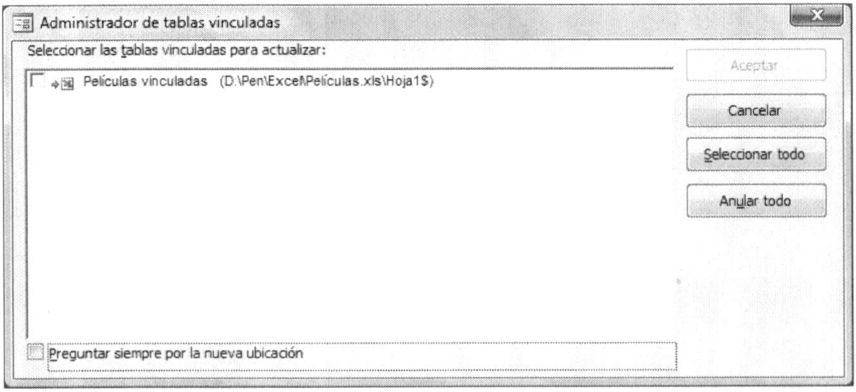

En este cuadro de diálogo se activa la casilla de la tabla que se desea actualizar.

También se puede activar **Preguntar siempre por la nueva ubicación** para que, al pulsar el botón Aceptar sea posible establecer la carpeta o disco en el que se encuentra el archivo vinculado. De esta forma, si ha cambiado de emplazamiento se informa a Access para que su información se mantenga siempre actualizada.

ANALIZADOR DE RENDIMIENTO

Cuando damos por finalizado el diseño de la estructura de una base de datos, suele ser buena idea consultar el analizador de rendimiento de Access. Esta herramienta se encarga de examinar cualquier elemento de la base de datos comprobando si su productividad es mejorable. Si es así, ofrece un informe con todos los puntos que se pueden optimizar.

Para iniciar el analizador hemos de acceder a la ficha herramientas de base de datos de la cinta de opciones y, en su grupo **Analizar**, pulsar el botón Analizar rendimiento. Este botón lleva a un cuadro de diálogo en el que debemos comenzar por elegir el tipo de elemento que queremos analizar.

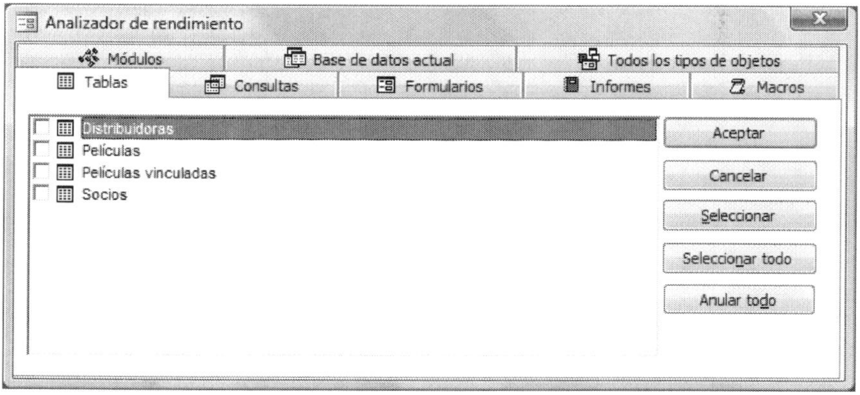

Sólo hemos de acceder al tipo de elemento (**Tablas**, **Consultas**, etc.), seleccionar los elementos deseados (para ello podemos ayudarnos de los botones [Seleccionar] y [Seleccionar todo]) y pulsar el botón [Aceptar] para comenzar el análisis.

El informe ofrece tres tipos de resultados sobre su inspección en un nuevo cuadro de diálogo:

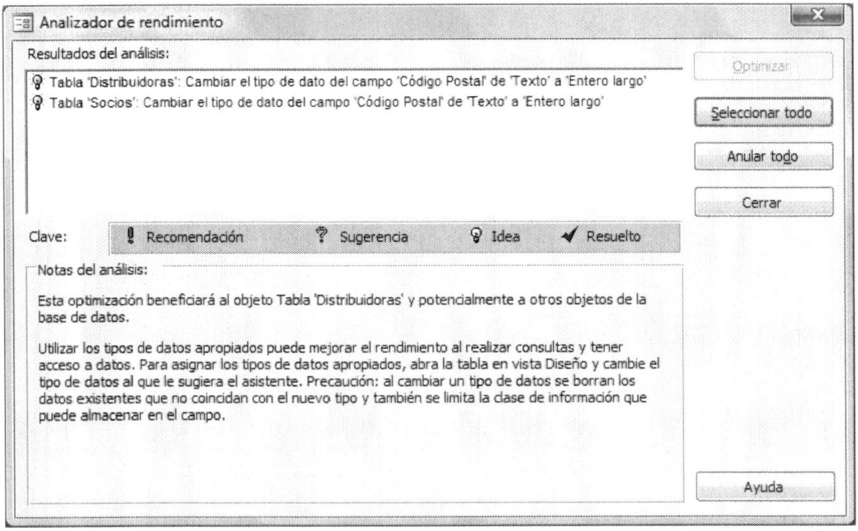

1. Si existe algún motivo importante que disminuya el rendimiento de un elemento de la base de datos, Access lo clasificará como **Recomendación** para que el usuario lo considere como algo importante a modificar.

2. Si existe algún motivo mejorable pero que puede conllevar efectos adversos que deba considerar el usuario, Access lo clasificará como **Sugerencia**.

3. Si existe algún motivo que podría ser de interés para mejorar el rendimiento a pesar de que Access no haya encontrado prueba evidente de ello, lo clasificará como **Idea**.

Si en la lista de mejoras se encuentran recomendaciones y/o sugerencias se pueden resolver automáticamente mediante el botón [Optimizar], mientras que si se trata de ideas, será el propio usuario el que deberá aplicarlas siguiendo las instrucciones que se muestran en las **Notas del análisis** del cuadro de diálogo.

CIFRAR Y DESCIFRAR BASES DE DATOS

Access dispone de varios sistemas para la protección de una base de datos. El más sencillo consiste en cifrarla mediante una contraseña.

Tanto si se desea cifrar una base de datos, como si se va a anular el cifrado, es necesario empezar por abrirla en modo exclusivo.

Si una base de datos se abre de forma exclusiva, ningún otro miembro de una red de ordenadores puede abrirla si antes no la cierra aquel que la haya abierto de modo exclusivo. De este modo, un usuario puede asegurarse de que cuando abre una base de datos nadie la utilizará al mismo tiempo que él. Existen una serie de privilegios que pueden asignarse a usuarios de la red. Por ejemplo, se puede asignar a un usuario únicamente la capacidad de leer una base de datos, con lo cual tendrá restringido el acceso para cualquier otra operación como, por ejemplo, grabar los datos que incorpore a la base.

Para abrir una base de datos en modo exclusivo, hay que desplegar el botón de Office y seleccionar en su menú la opción **Abrir**. El proceso en este cuadro es el mismo que cuando se va a abrir una base de datos normalmente, sin embargo, una vez seleccionada ésta en la carpeta o disco en que se encuentre, no hay que limitarse a pulsar el botón sino a desplegarlo para elegir el modo exclusivo:

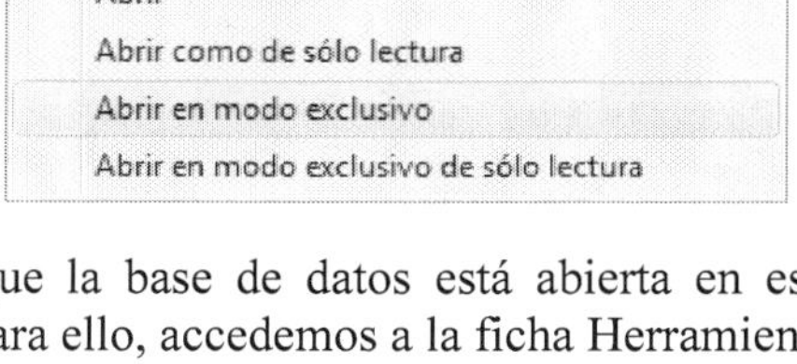

Una vez que la base de datos está abierta en este modo, podemos aplicar el cifrado. Para ello, accedemos a la ficha Herramientas de base de datos de la cinta de opciones y, en el grupo que lleva ese mismo nombre, pulsamos el botón Establecer contraseña para la base de datos. Esto nos lleva a un sencillo cuadro de diálogo en el que debemos establecer la contraseña necesaria para poder abrir la base de datos:

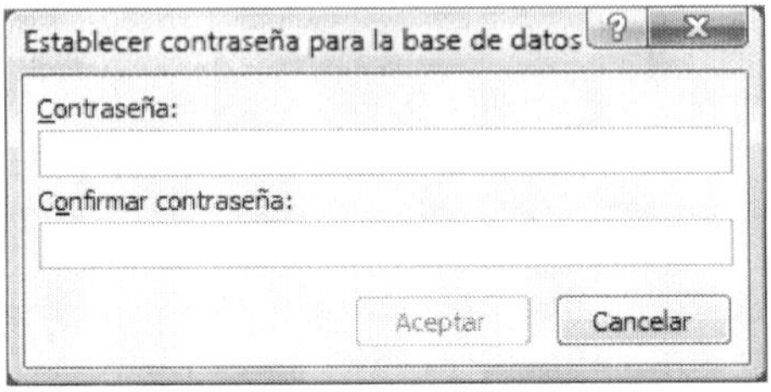

1. La nueva clave debe escribirse en el cuadro de texto **Contraseña**. La contraseña no puede verse para mayor seguridad e irán apareciendo asteriscos al teclear.

2. En el cuadro de texto **Confirmar contraseña** escribiremos la clave de nuevo. Como las contraseñas no se ven, será necesario escribir la clave dos veces. De este modo, si nos equivocamos al escribir una de ellas, como serán diferentes, Access nos advertirá de ello y será necesario escribir ambas de nuevo (él no puede saber cuál de las dos claves es la correcta).

> Puesto que la contraseña es tan importante, es primordial no perderla u olvidarla. Sería recomendable emplear una contraseña que sea difícil de descubrir para otros usuarios, anotarla y mantenerla en lugar seguro. Tenga en cuenta que si se pierde y olvida la contraseña, no será posible abrir la base de datos y trabajar con ella.

Si una base de datos está cifrada con contraseña se puede liberar de esta. Para ello, en el mismo grupo de la misma ficha con los que la hemos cifrado, disponemos del botón (**Anular la contraseña establecida para la base de datos**). Al pulsarlo se vuelve a solicitar la contraseña original y, si no se teclea correctamente no se podrá eliminar el cifrado. De este modo se evita que un usuario casual encuentre abierta nuestra base de datos y elimine su cifrado para poder acceder a ella.

El cuadro de diálogo que se obtiene al pulsar el botón es el siguiente:

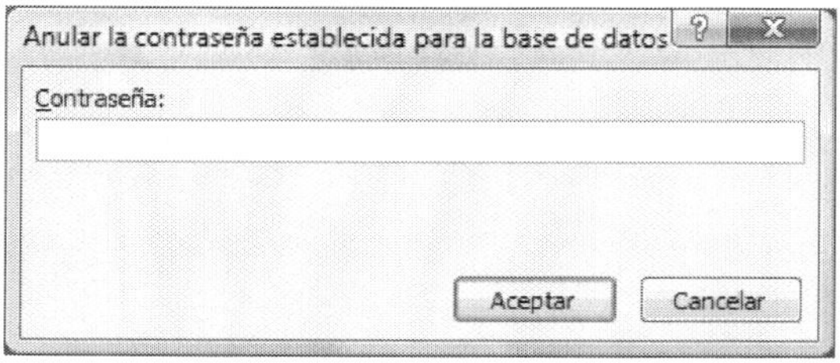

En él sólo hay que teclear la misma **Contraseña** que empleamos para cifrar la base de datos.

EJERCICIOS

I) Macros de acceso a tablas

En este ejercicio vamos a diseñar unas macros de acceso a tablas para emplearlas después en el panel de control. Se trata de unas macros extremadamente sencillas ya que únicamente van a contener una acción.

Si en un panel de control dispusiésemos de la posibilidad de añadir un botón capaz de acceder directamente a una tabla, podríamos ahorrarnos todo el trabajo de generar las macros. Sin embargo, dado que no es así, y que un panel de control sí que permite crear botones que ejecutan macros, vamos a aprovechar esa ventaja realizando el trabajo indirectamente, es decir, crearemos las macros y haremos que un panel de control (que diseñaremos en el próximo ejercicio) contenga botones que ejecuten esas macros.

1. Abra la base de datos de *Automóviles*.

2. Acceda a la ficha **Crear** de la cinta de opciones y, en su grupo **Otros**, pulse el botón **Macros** para crear una.

3. En la ventana que aparezca seleccione la acción **AbrirTabla** y en sus argumentos (de la parte inferior de la ventana) despliegue **Nombre de la tabla** y seleccione *Clientes*.

4. Cierre la ventana de diseño de la macro y asígnele el nombre *Abrir Clientes* para distinguirla de las demás.

5. Repita este proceso creando una macro que abra cada una de las tablas de la base de datos asignando a cada una el nombre *Abrir* seguido del de la tabla.

II) Panel de control

En este ejercicio vamos a diseñar el panel de control que nos permita acceder a las tablas de la base de datos.

1. Abra la base de datos *Automóviles*.

2. Acceda a la ficha **Herramientas de base de datos** de la cinta de opciones y en el grupo de ese mismo nombre pulse [Administrador del panel de control].

> Si es el primer panel que crea en la base, Access solicitará su permiso para crearlo. Deberá responder afirmativamente para poder continuar con el ejercicio.

3. En el cuadro de diálogo que aparezca, pulse el botón [Modificar...] para añadir botones al panel.

4. En el nuevo cuadro de diálogo que obtenga, asigne un nombre al panel como, por ejemplo, *Menú principal*.

5. En el mismo cuadro de diálogo pulse el botón [Nueva...] para añadir un botón al panel que nos permita acceder a una tabla de la base de datos.

6. En el nuevo cuadro de diálogo que aparezca teclee como **Texto** el rótulo *Ir a la tabla Clientes*.

7. En la lista **Comando** seleccione la acción **Ejecutar macro** y en la lista desplegable **Macro** (que aparecerá entonces) seleccione **Abrir clientes** (una de las macros del ejercicio anterior):

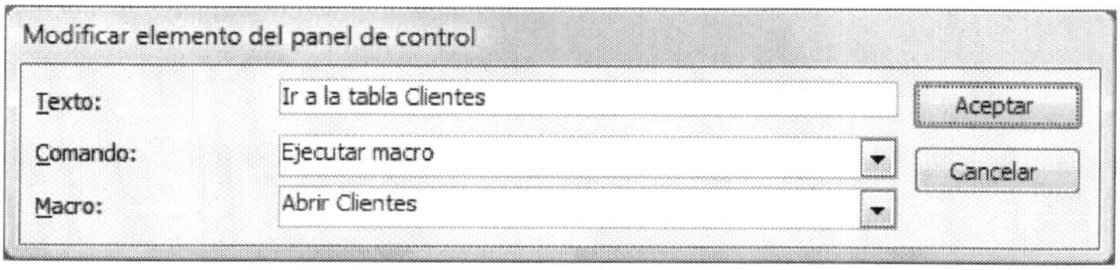

8. Cuando acepte esos datos, volverá al cuadro de diálogo anterior, en el que deberá añadir otros tantos botones para que cada uno ejecute una de las macros del ejercicio anterior.

9. Cuando termine, acceda al panel de exploración, despliegue su menú y seleccione **Formularios**. Retoque el formulario **Panel de control** en el modo *Vista diseño* para que tenga el aspecto que guste.

He aquí un ejemplo con un posible resultado después de haber retocado el formulario:

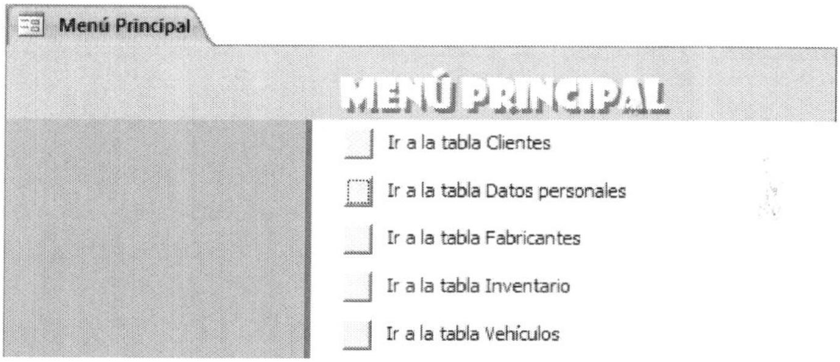

III) Configurar el inicio de una base de datos

Ahora configuraremos la base de datos para que ejecute el panel de control automáticamente al ser abierta.

1. Abra la base de datos *Automóviles*.

2. Despliegue el menú del botón de Office y pulse el botón Opciones de Access. En el cuadro de diálogo que aparezca seleccione la categoría **Base de datos actual**.

3. Despliegue la lista **Mostrar formulario** y seleccione la opción **Panel de control**.

> Puede aprovechar el cuadro de diálogo para asegurarse de que no aparecen elementos como el panel de exploración, la barra de estado, etc.; sin embargo, es **muy importante** hacer antes una copia de seguridad de la base de datos por si luego no podemos acceder de nuevo a la base de datos o a la configuración de **Inicio** para revertir la situación.

4. Para comprobar que el proceso funciona cierre la base de datos y ábrala de nuevo. Si todo está en orden, el panel de control debería aparecer automáticamente.

IV) Panel de control con la macro *AUTOEXEC*

Vamos a diseñar una alternativa al ejercicio anterior creando una macro que ejecute el panel de control dándola el nombre *AUTOEXEC* para que se ejecute automáticamente al abrir la base de datos.

Para que compruebe que esta macro funciona, sería interesante deshacer las funciones del ejercicio anterior si las ha realizado, accediendo de nuevo al menú del botón de Office, pulsando el botón Opciones de Access, activando su categoría **Base de datos actual** y asegurándose de que en la lista desplegable **Mostrar formulario** selecciona la opción **(ninguno)**.

1. Abra la base de datos de *Automóviles*.

2. Acceda a la ficha **Crear** de la cinta de opciones y, en su grupo **Otros**, pulse el botón **Macros** para crear una.

3. En la ventana que aparezca seleccione la acción **AbrirFormulario** y en sus argumentos (de la parte inferior de la ventana) despliegue **Nombre del formulario** y seleccione *Panel de control*.

4. Cierre la ventana de diseño de la macro y asígnele el nombre *AUTOEXEC*.

5. Para comprobar que el proceso funciona, guarde la macro, cierre la base de datos y ábrala de nuevo. El panel debería aparecer automáticamente.

V) Exportar y vincular tablas

Para realizar una práctica con el Administrador de tablas vinculadas necesitamos disponer antes de una tabla externa. Aprovecharemos una de las que tenemos en la base de datos de *Automóviles* para exportarla, momento en el que ya dispondremos de una externa. Después la vincularemos en la base de datos.

1. Abra la base de datos *Automóviles*.

2. Seleccione la tabla *Fabricantes* en el panel de exploración.

3. En el grupo **Exportar** de la ficha **Datos externos** pulse el botón 

:

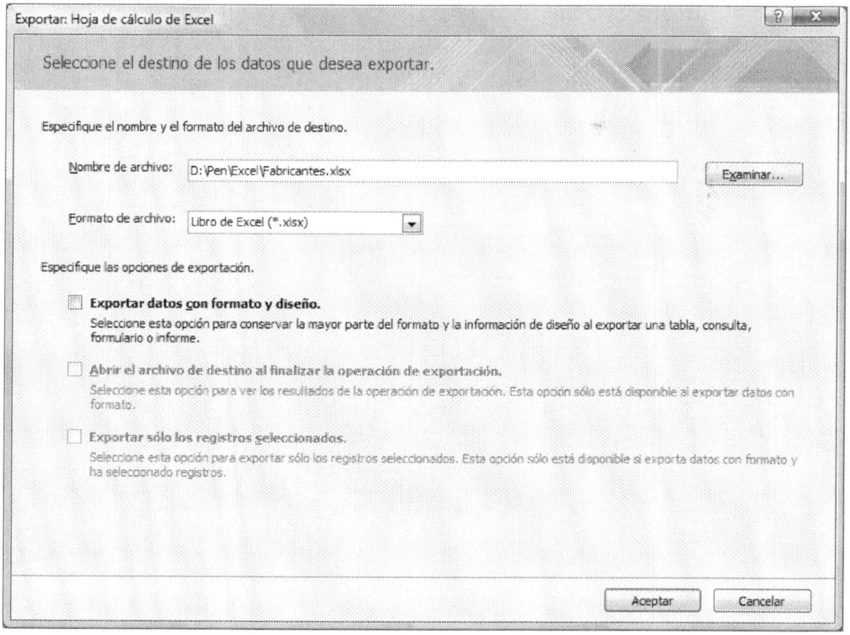

4. Utilice el botón Examinar... para establecer en qué carpeta desea depositar el archivo con los datos exportados.

5. Active la casilla **Exportar datos con formato y diseño** para asegurarse de que la información exportada se parezca lo más posible a la original.

6. Pulse Aceptar para continuar el proceso.

7. Si lo desea, active la casilla **Guardar pasos de exportación** por si desea repetir el proceso en el futuro, por ejemplo, por si varía el contenido de la tabla *Fabricantes* y desea replicarla con otra exportación.

8. Con esto termina la exportación de la tabla y ya disponemos de un archivo externo que podemos vincular a la base de datos. Naturalmente, en un caso real, la tabla *Fabricantes* no existiría en la base de datos y no sería necesaria la exportación, pero de este modo hemos hecho una práctica con esa función.

9. Cuando se dispone de un archivo externo cuyo contenido es una tabla que se desea vincular a una base de datos de Access, se accede a la ficha **Datos externos** y, en su grupo **Importar**, se pulsa el botón correspondiente al formato de los datos que se van a importar o vincular. En nuestro caso, pulsaríamos Excel, con lo que obtendríamos un cuadro de diálogo similar al que acabamos de emplear para la exportación. En él activaríamos el botón **Vincular al origen de datos creando una tabla vinculada** y pulsaríamos el botón Examinar... para localizar el archivo en el disco y carpeta en que se encuentre (en nuestro caso, *Fabricantes*).

10. Aparece el primer paso de un sencillo asistente para concretar el modo en el que la tabla se empleará en Access. En su primer paso hemos de indicar si la primera fila de celdas de Excel contiene los nombres de los campos. Es importante responder correctamente ya que, si no lo hacemos, podríamos perder los nombres de los campos (pasarían a formar parte de los datos de la tabla) o hacer que la primera fila de datos sea tomada como si fuesen los nombres de los campos incorrectamente. Sólo hay que activar o no la casilla **Primera fila contiene encabezados de columna**. Resulta bastante intuitivo ya que Access cambia la vista previa y se puede apreciar si el cambio es correcto con facilidad. En nuestro caso hay que activarla.

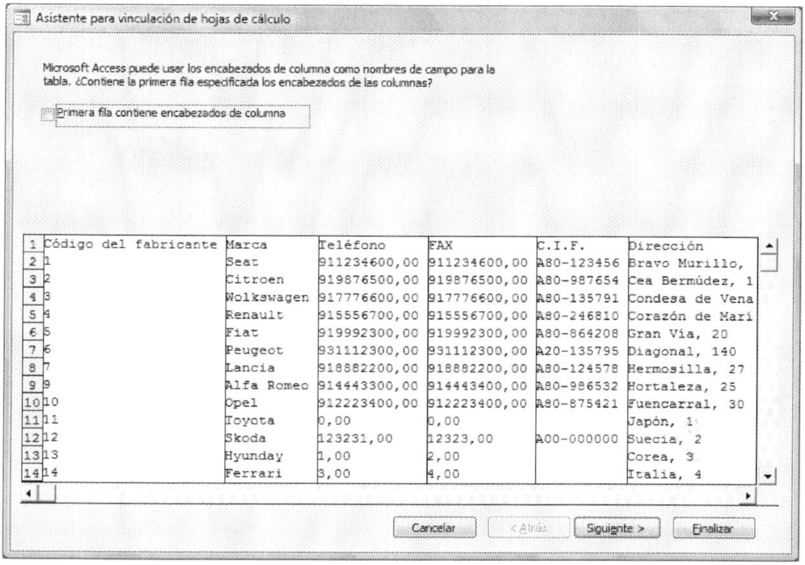

11. En el último paso nos limitaremos a dar nombre a la tabla y a pulsar el botón Finalizar.

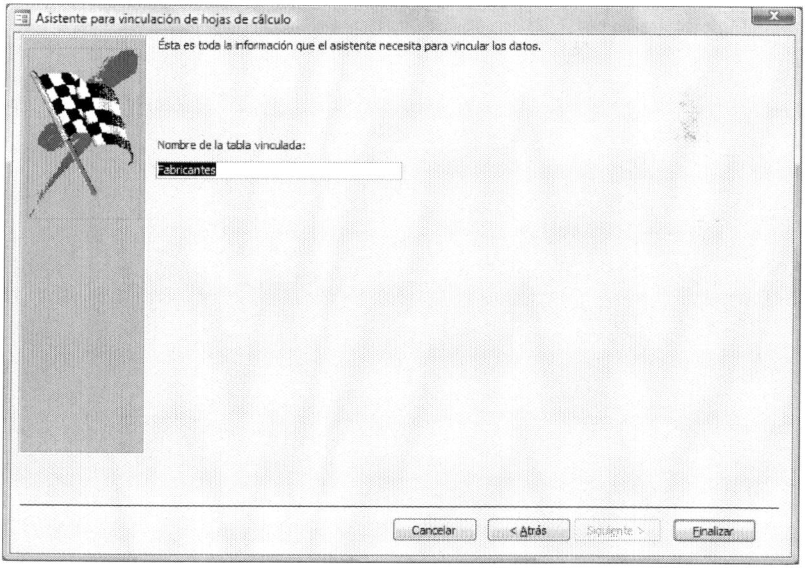

VI) Contraseña y codificación

1. Abra la base de datos *Automóviles* en modo exclusivo.

2. Acceda a la ficha **Herramientas de base de datos** y en el grupo que lleva ese mismo nombre pulse el botón Establecer contraseña para la base de datos para escribir una contraseña.

3. Una vez que haya comprobado que la contraseña funciona, elimínela.

ÍNDICE ALFABÉTICO